东方
文化符号

焦山碑林

滕建锋 著

江苏凤凰美术出版社

图书在版编目（CIP）数据

焦山碑林 / 滕建锋著. -- 南京：江苏凤凰美术出版社，2024.1
（东方文化符号）
ISBN 978-7-5741-1258-2

Ⅰ.①焦… Ⅱ.①滕… Ⅲ.①碑刻-介绍-镇江
Ⅳ.①K877.42

中国国家版本馆CIP数据核字（2023）第152458号

责 任 编 辑　舒金佳
设 计 指 导　曲闵民
责 任 校 对　郁周凌平
责 任 监 印　张宇华
责任设计编辑　赵　秘

丛 书 名	东方文化符号
书　　名	焦山碑林
著　　者	滕建锋
出版发行	江苏凤凰美术出版社（南京市湖南路1号　邮编：210009）
制　　版	南京新华丰制版有限公司
印　　刷	盐城志坤印刷有限公司
开　　本	889mm×1194mm　1/32
印　　张	4.5
版　　次	2024年1月第1版　2024年1月第1次印刷
标准书号	ISBN 978-7-5741-1258-2
定　　价	88.00元

营销部电话　025-68155675　营销部地址　南京市湖南路1号
江苏凤凰美术出版社图书凡印装错误可向承印厂调换

目录

第一章　书法圣地话焦山…………………… 1

第二章　千年宝墨聚碑林…………………… 9

第三章　大字之祖《瘗鹤铭》……………… 16
　一、传说故事………………………… 18
　二、沉浮沧桑………………………… 24
　三、尊崇地位………………………… 31
　四、作者之争………………………… 34
　五、内容之谜………………………… 38

第四章　焦山摩崖觅遗踪…………………… 43
　一、摩崖石刻概观…………………… 43
　二、唐刻摩崖简述…………………… 48
　三、摩崖石刻撷英…………………… 51

第五章　碑林馆藏品菁华…………………… 90
　一、史料类…………………………………… 90
　二、书法艺术类…………………………… 112

后　记……………………………………… 137

第一章 书法圣地话焦山

一座江心小岛，一块水中浮玉，高僧大德结庐礼佛，文人骚客纷至沓来，如画风景之中又有了悠长深厚的文化底蕴。

一只仙鹤，一篇铭文，一幅书法圣品，曾高居摩崖之上，后坠入滔滔江水之中，再钩沉于淤泥，供奉于亭阁……一方石刻终成拱璧连城的无价之宝，《瘗鹤铭》牵动古今、名震中外，造就几多佳话。

焦山，因东汉末年焦光隐居于此而得名，位于镇江城东北角，亭亭然立于滔滔扬子江中，亦有"樵山""狮子山""狮岩""双峰山"等别称。万川东注一浮玉，"浮玉山"之名又不胫而走。直到隋唐时镇江仍为长江入海口，焦山就是面对大海的门户，犹如海门，因而又有别名曰"海门山"。焦山高70.7米，这自然不是一个多高的海拔，但它生在了鱼米江南之地，生在了滔滔江水之中，奇秀美景与文化底蕴联手，让它阔步走进了"名山大川"

的行列。

　　焦山自古即为风景名胜之地。它身处江中,曾有诗曰:"独砥中流柱,群峰不敢骄。潮来天远大,壁立石礁跷。""中流砥柱"自有其雄俊之姿,而它又满山竹林繁茂、古树葱茏,宛如碧玉浮江,亭台楼阁隐约其中,又多了几分江南女子般的秀丽温婉。焦山自古即为风景名胜之地,现存最早一首描写焦山风景的诗歌是南朝文学家江淹的《陆东海谯山集》。诗中除了描绘焦山胜景之外,还有"游衍遂相从"等句描写聚会之盛,也足见早在南朝时期焦山就已经成为京口旅游和文人雅士聚会之地。诗仙李白在焦山东望松寥山,直觉自己身在仙境,发出了"安得五彩虹,驾天作长桥;仙人如爱我,举手来相招"的浪漫诗意感叹。乾隆皇

焦山

焦山

焦山日出

焦山日落

帝六下江南、八上焦山，这位爱写诗的皇帝在焦山留下了诸多诗文，仅目前搜集到的就达35篇。清代"京江画派"代表人物周镐《京江二十四景》中有一幅《狮岩消夏》，表现的便是焦山胜景。

焦山也是我国著名的佛教圣地。焦山定慧寺是佛教传入中国后最早的寺庙之一，也是镇江最早的寺庙，初名普济庵，建于东汉兴平年间，距今已有1800多年的历史。唐时玄奘法师弟子宝寂法师来焦山创建大雄宝殿，后改名普济禅院、焦山寺等。清康熙四十二年（1703），康熙皇帝南巡登焦山，取佛家"由戒生定，因定发慧"之意，改其名为定慧寺，并亲笔题写碑额，由此定名。定慧寺是佛教重要的华严道场，系佛教祖庭之一。佛学精深，高僧辈

《狮岩消夏》

焦山胜境

出，焦山为海内外信佛者所崇仰，善男信女常年络绎不绝。创办于1934年的焦山佛学院培养出了东初、茗山、星云等享誉海内外的得道高僧和一大批佛学人才，在佛学界享有盛誉。

焦山更是一座书法圣山。摩崖石刻是全国重点文保单位，焦山碑林是江南第一大碑林，《瘗鹤铭》被推为"大字之祖"，故而焦山也有"书法山"之美誉。焦山西麓沿江一带，全为陡岩峭壁，摩崖石刻便环集于此，存有六朝以来石刻百余方，分布在浮玉崖、栈道、巨公崖、雷公崖等地，绵延数百米，气势磅礴，令人叹为观止。摩崖石刻精品迭出，如唐刻《金刚经偈句》、宋刻《米芾摩崖题名》《陆游踏雪观〈瘗鹤铭〉》等皆为稀世珍品。从时间上看贯穿六朝、唐、宋、元、明、清及民国；从字体上看真、草、隶、篆诸体齐备，内容丰富，犹如古代书法天然展览，琳琅满目，美不胜收。

焦山碑林始自北宋庆历八年（1048）知州钱彦远（字子高）所建宝墨亭，也已历经千年之沧桑。中华人民共和国成立后经历了几次改扩建，取得了极大的发展，现有馆舍面积7000多平方米，展出历代碑刻400余方，名家名作不胜枚举，为江南第一大碑林，与西安碑林齐名。两大碑林一南一北交相辉映。

焦山碑林最为光芒四射的书法明珠自然非"碑中之王"《瘗鹤铭》莫属了。《瘗鹤铭》原刻在焦山西麓石壁之上，也是焦山摩崖石刻之肇始，后遭雷击崩落长江中，中唐以后始有著录。南宋淳熙间挖出一石，康熙五十二年（1713）又挖出五石70余字。如今残石碑展于碑林东北角专馆之

清《焦山志》

《焦山志》载《焦山图》

中。自《瘗鹤铭》残石被发现以来，历代书法家均给予其高度评价，其笔法之妙被誉为"书家冠冕"，大书家黄庭坚推崇其为"大字之祖"。同时，历朝历代以来，无数书法家、评论家对《瘗鹤铭》的时代、作者、思想艺术性等方面的研究、探讨一直没有停止过，且至今未有定论。《瘗鹤铭》以其极高的史料及书法艺术价值，再加上其扑朔迷离的传奇身世，引得无数人关注、瞻仰和研究，影响力远播海内外。

第二章　千年宝墨聚碑林

焦山有碑林，源自《瘗鹤铭》。

前文已叙，《瘗鹤铭》原刻于焦山西侧崖壁之上，后坠入江中，宋代开始受到推崇。不少人待江水回落之时驾舟到落石处，拓片而归，这也就是著名的"水前本"。同时，开始不断有人通过各种办法将《瘗鹤铭》残石从江中挖出，以供瞻仰。这其中最早的记载是北宋仁宗庆历八年（1048），时任知州钱彦远得数方《瘗鹤铭》残石，并将这些残石与"梁唐诸贤四石"一起，建"宝墨亭"保存展示，方便往来官员、雅士观摩。这也是焦山碑林建立之滥觞。

钱彦远建"宝墨亭"的行为得到了当时诸多名流大家的赞赏，北宋著名词人苏舜钦，大科学家、后来官拜丞相的苏颂等都曾专门写诗祝贺。苏舜钦在《宝墨亭》一诗中说：

丹阳子高得逸少《瘗鹤铭》于焦山之下，及梁唐诸贤四石刻，共作一亭，以"宝墨"名之。集贤伯镇为之作记，远来求诗，因作长句以寄。

山阴不见换鹅经，京口今存瘗鹤铭。
潇洒集仙来作记，风流太守为开亭。
两篇玉蕊尘初涤，四体银钩藓尚青。
我久临池无所得，愿观遗法快沉冥。

此诗及序言信息含量非常丰富，不仅记述了钱彦远建宝墨亭的历史事实，还说明苏舜钦认为《瘗鹤铭》的作者是王羲之。"逸少"即为王羲之的字，"山阴不见换鹅经"句讲的也是王羲之爱鹅的故事。据说王羲之生性爱鹅，会稽有一位孤老太太养了只鹅，叫声很好听，他想买而未能得，于是就带着亲友去观看。谁知老太太听说他要来，竟把鹅烹煮了准备招待他，他为此难过了一整天。当时，山阴有位道士，养了一群鹅，王羲之去观看时非常高兴，多次恳求道士要买鹅。道士对他说："你若替我抄一遍《道德经》，这群鹅就全部送给你啦。"王羲之欣然命笔。尾联两句则表明苏舜钦也是常年临帖的书法爱好者，而《瘗鹤铭》也被认为是"法帖"了。

苏颂对钱彦远建宝墨亭的行为也十分赞赏，为此专门写了《润州州宅后亭记》来记录这件事，并写了《润州钱祠部新建宝墨亭》一诗：

> 王萧书迹卫公诗，流落江南世少知。
> 古寺购寻遗刻在，新亭意置断跟奇。
> 模传遂比黄庭字，埋没非同石鼓碑。
> 墨数书评多逸事，何妨挥翰与题辞。

史载，到明代时，宝墨亭扩建并改名为宝墨轩，收藏的碑刻也增多了不少。到了清代碑刻数量不断充实，并逐步蜚声江南。不过，奈何清末国势羸弱，镇江又因地理位置关键，为兵家必争之地，仅近现代以来，先后遭遇英法联军入侵镇江之战、太平天国与清军拉锯战，及至镇江沦陷日寇铁蹄肆虐，可谓兵燹不断。镇江的各种文化遗存在这一次次战乱中受到极大的损毁和散失，焦山碑林也毁失严重，到中华人民共和国成立前夕，残存碑刻仅100余方。

1960年，为抢救民族文化遗产，镇江市人民政府将镇江南郊鹤林寺"古墨林"全部碑刻、东郊大港华阳观唐代魏法师碑等散落于市郊的众多碑石集中移至焦山，在宝墨轩、香林庵、玉峰庵、海云庵等旧址新建立起焦山碑林。同时，将举世闻名的《瘗鹤铭》从定慧寺迁入宝墨轩内，并专门立亭庇护，形成了当今焦山碑林的基本格局。

从宝墨轩到焦山碑林，是一次历史性的跨越，其中最显著的特征就是占地面积的大幅增加，除了原来的宝墨轩，又新增了数个庵的旧址。这里又可以顺言焦山有庵的历史。

焦山历来寺庵共存，如并入碑林范围的海云庵就是建于北宋初年的古庵。清代"扬州八怪"之一的郑板桥专门在焦山读书备考，他的诗《题自然庵》中"焦山静室十五家，家家有竹有篱笆"就是明证。清末民初时焦山庵达到鼎盛，最多时山上山下共有庵18座。直到抗日战争时期焦山大约还有13座庵，民间俗称"十三房"。这些庵主要分布在定慧寺两侧，东至桂花园，西至华严阁，各庵各房鳞次栉比，亭台楼阁星罗棋布，形成了"焦山脚下一条街"的景象。

改革开放以来，焦山碑林更是受到党和国家的高度重视。1988年，焦山碑林被列为全国重点文物保护单位，并进行了全面维修，继而成立了焦山文保所。1991年又改为焦山碑刻博物馆，配备专职人员负责管理、研究和陈列。2002年再次进行了大规模扩建维修，形成了当今焦山碑林的规模。

从定慧寺往东移步约200米，左侧有幽林深道，尽头有门额隶书大字"碑林"。进门左转即第一室，堂中展出的是《唐魏法师碑》，这也是整个碑刻博物馆除《瘗鹤铭》外唯一一方独享一室的碑刻。四壁皆展牌，讲述的是中国碑刻史及焦山碑林的发展历程。出门往前即可进入第二展室，主要展出的是唐宋碑刻，其中尤以堂中展出的《唐李德裕重瘗舍利题记》《宋禹迹图》等五方碑刻为贵。再出门左转，穿月洞门，扑入眼帘的是高大的《乾隆御碑亭》，

寶墨軒

碑林大门

其左侧即第三展室，主要为明代碑刻。沿回廊移步细品，数百方石刻一一与你对语，其中重要的有米芾临《兰亭序》半亭、"澄鉴堂石刻"展室等。当然，精华总是留在最后，最东庭院的东北角就是《瘗鹤铭》专馆，精致的设计、详尽的介绍，都会让你收获满满。

目前，整个焦山碑林拥有馆舍面积7000多平方米，藏碑上承六朝，下迄民国，展馆总体为4室4亭13廊的格局。步入其中，只见庭院错落，回廊曲径，幽静雅致，修竹幽篁，阴浓生香，碑园结合，室廊相通，将碑刻陈列艺术和江南园林融为一体，尽显古典园林的诗意和韵味。即使不看碑刻，漫步而行，也是一件极其雅致而惬意的事情。

第三章　大字之祖《瘗鹤铭》

　　无论是要了解焦山，还是要了解焦山碑林，《瘗鹤铭》都是绝不容绕过的重中之重。甚至可以说，《瘗鹤铭》是一个超越焦山区域、超越镇江区域而存在的中华文化符号，作为中国书法的代表在世界文化领域放射出耀眼的光芒。
　　在中国书法发展史上，魏晋南北朝时期是一个非常重要的阶段。由于文人士大夫对书法的介入，使得书法艺术由自发性向自觉性过渡，从而形成了书法史上的第一个高峰。在这个阶段，各种书体都逐步走向成熟，并取得了很高的成就。《瘗鹤铭》就是这一时期的杰出代表，它不仅是中国书法发展史上极其重要的石刻，更是东晋前书法由隶书向楷书发展的标志性作品，楷书中蕴含隶书笔意。由于其特殊的地位和高超的艺术水准，它受到了广泛重视，并逐步被推上了"大字之祖"的神坛。

《瘞鶴銘》

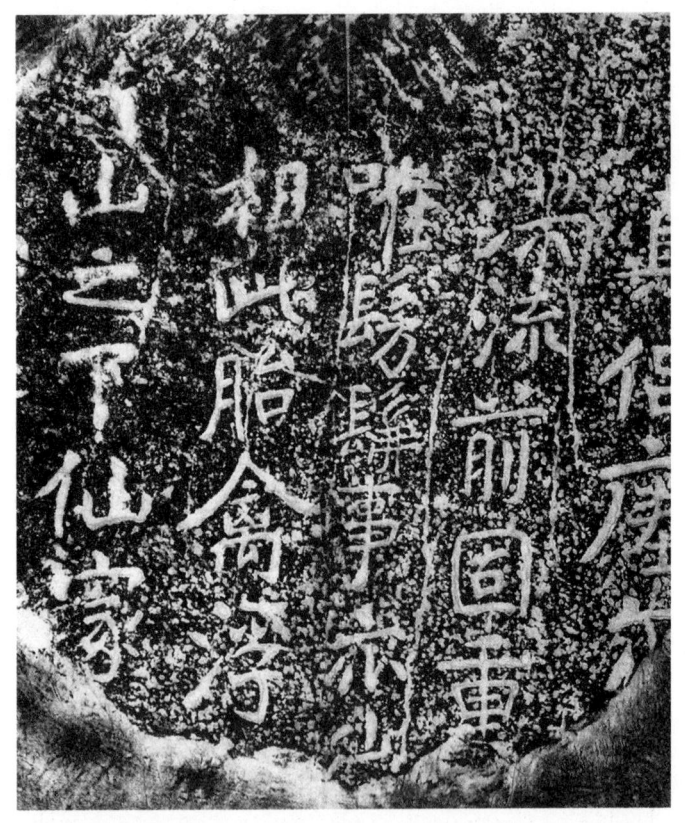

《瘗鹤铭》（局部）

一、传说故事

民间故事口耳相传，既生动形象、传播力强，又往往含有丰富的历史文化信息。关于《瘗鹤铭》的前世今生，我们也从民间说起。根据已故镇江文史学者，曾任江苏省民间文艺家协会副主席、镇江市地方志办公室副主任的郭维庚先生在20世纪80年代的搜集整理，流传于镇江一带关于《瘗鹤铭》的传说是这样的：

长江下游江中心，镇江焦山上的《瘗鹤铭》举世皆知，今古闻名。《瘗鹤铭》的名气为什么这么大？因为传说这个碑上的字，是我国的大书法家王羲之写的，它和陕西的《石门铭》一起被称为全国的两大名碑。宋代的文人黄庭坚说碑上的字是"大字之祖"。照这一说，《瘗鹤铭》的价值当然就高了，名气当然就大了，和它有关的传说也就流传下来了。

清末《瘗鹤铭》老照片

王羲之像

传说,有一年春天,老树抽芽,百花吐艳,王羲之出门有事,路过镇江,登上焦山游览。他在焦山南麓一座小庵里,看到有一对仙鹤,嘴尖颈细,眼蓝顶红,扇动双翅,迈开长腿,显出冲霄凌云的姿态,心里非常喜欢。王羲之正看得出神,耳旁忽然响起一阵"格啊格啊"的叫声,只见一只仙鹤突然张开双翅,径向空中飞去;另一只也不示弱,"格啊格

《石门铭》(局部)

啊"地叫着，直冲云霄。两只仙鹤在空中一上一下、一前一后，盘旋起舞，煞是好看。王羲之看呆了，随着仙鹤的舞姿，手指不停地画来画去，嘴里喃喃地说："要是写字个个都像……"当家和尚看到王羲之这副模样也呆了，过了好一会儿才开口："檀越莫非喜欢这对仙鹤？"

"哦！哦！喜欢，喜欢，喜欢得很咧！"王羲之一惊，好像从梦中醒过来一样，"不知大法师肯卖吗？"

当家和尚答道："既然檀越喜爱，我就卖给你吧。"

"那太好了！"王羲之爱鹤心切，笑着说，"不过我现在不能带走，等我办完事回来，再带走它们，现在还要你费心照管。"

"你放心吧！"当家和尚点点头。

王羲之辞别当家和尚，兴高采烈，飘然登舟，沿江逆水而上。他在船上想想山上仙鹤，看看两岸景色，心旷神怡，一会儿伸出手指在空中前前后后、上下左右地画来画去；一会儿提起毛笔在纸上一撇一捺、一勾一画地写来写去，写的那个字真是结构严谨、雄健舒和、字字活透、个个仙气。

过了几个月，王羲之办完事回来，又打镇江经过，因为心中念念不忘仙鹤，急忙赶上焦山。王羲之见到当家和尚，劈头就问："我的鹤呢？"

当家和尚叹了口气说：

"上个月，一只雄鹤生了病，不几天就死了。剩下的那只雌鹤，孤孤单单，冷冷清清，不吃也不喝，不几天也死了。"

王羲之听了，难过得不得了，忙问："现在埋在哪里？"

和尚说："在后山。"

王羲之也顾不得山高路险，跟着当家和尚就上了后山。上山的小道只有尺把宽，一边是峭壁悬崖，一边是浩浩长江。仙鹤就埋在面临长江的一个无名的小土山里。王羲之对着土山，感慨万千，回去之后，挥动羊毫写下了"瘗鹤铭"三个大字。"瘗"是埋葬的意思，"铭"是记载的意思，又有镂刻的意思。接着就写碑文，整个碑文有100多字，倾吐了王羲之对死去仙鹤的思念。那碑上的书法真是神来之笔，近看字字笔势开张，点画飞动，变化无穷，不落俗套。远看个个像仙鹤：有的伸长头颈，细长而纤巧；有的卧在地上，潇洒而妩媚；有的跷起一只脚，强劲而凝练。整个石碑上就好像有无数只仙鹤展开双翅，在云霄中穿来穿去、翩翩飞舞。

从此，这座无名的小山就有了名字，叫作"鹤山"。

不知过了多少年，有一天夜晚，电闪雷鸣，风雨交加。忽然"轰"的一声，这块矗立在鹤山上的石碑，受到雷的轰击，掉进了滚滚大江。

从此，来这里访碑的人都是乘兴而来、败兴而归。

不知又过了多少年，有一年冬季，水落石出，这块碑竟露出头来。大概是由于年深日久，江水冲刷或者别的什么缘故，碑上的字迹模糊，很难辨认，有的字几乎连一点痕迹也没有了。来看碑的人个个摇头叹息，就把这块碑改叫"雷轰石"，又叫"无字碑"。

又是一个风雨交加、雷声轰鸣的夜晚，忽然飞来一群仙鹤，停在无字碑上，抖动着被雨淋湿的翅膀。渐渐地，渐渐地，仙鹤不见了。第二天，风停雨止，游人上山游览，惊奇地发现这块无字碑不仅有了字，而且字字清晰，仍然是疏密相间、变化万千、遒劲有力、神采飞扬。于是，人们传开了，说这是仙字，是仙鹤变的，字体和原来的一模一样。有的说得更神，说这群仙鹤每天在太阳刚升时，就飞到碑上变成了字，到了太阳落山，这群仙鹤又不知飞到什么地方去了。还有的说这块碑上的字，本来就是仙鹤变成的，有100多个。石碑沉到江底的时候，有一些仙鹤找不到家、上不了窝，因此只剩下90多个字了。那些找不到家、上不了窝的仙鹤，每天夜晚就在鹤山上空盘旋飞翔，"格啊格啊"地叫个不停。

直到现在，还有从江里捞出来的5块残石，被连成整块，嵌在焦山的宝墨轩里的正中墙上。潇洒纵横、浑厚奇妙的大字，每天吸引着络绎不绝的书法爱好者和兴致勃勃的游客。

民间故事口耳相传，却历久弥新，除了能丰富民众生活、传达民族情感外，也往往富含着众多真实的历史信息。就这个故事而言，"瘗鹤"行为、《瘗鹤铭》字体的形容与描述、作者被定为王羲之、焦山有寺有僧、铭石曾被雷击掉落大江而又曾露出水面、铭文的字数变化等，都有史实为凭借。故而传说故事也就不仅仅只表达了群众对焦山、对《瘗鹤铭》的喜爱与推崇，而是具有了更加广泛的传播价值。

二、沉浮沧桑

关于《瘗鹤铭》的介绍，一般的头两句大多是："《瘗鹤铭》原刻于焦山西侧峭壁，不知何时因雷击坠入江中。"显然，这两句介绍很是模糊，后世研究者根据书法发展和相关史料记载进行推理，推定《瘗鹤铭》为两晋南北朝时期作品，大约在唐宋之际坠入江中。当然，这也是一个相当概括的说法。这是因为《瘗鹤铭》目前可以确定的只是"这是一篇哀悼仙鹤的纪念文章"，而其署名"华阳真逸"撰，"上皇山樵"书，无纪年及作者，而书刻之时未引起世人广泛关注，坠江之后才被再次发现、重视，并逐步走上神坛，身世可谓几经沉浮，谜团重重。然而，正是这重重谜团，让原本在书法史上地位独具的它又散发出了更加迷人的魅力。

整理相关资料记载，目前所知《瘗鹤铭》雷击坠江之后，至少曾有三次"上岸"：

第一次是北宋庆历年间。庆历八年（1048），润州知州钱彦远将所得《瘗鹤铭》残石与"梁唐诸贤四石"一起建宝墨亭保存展示，这在前文已经述及，是为焦山碑林之

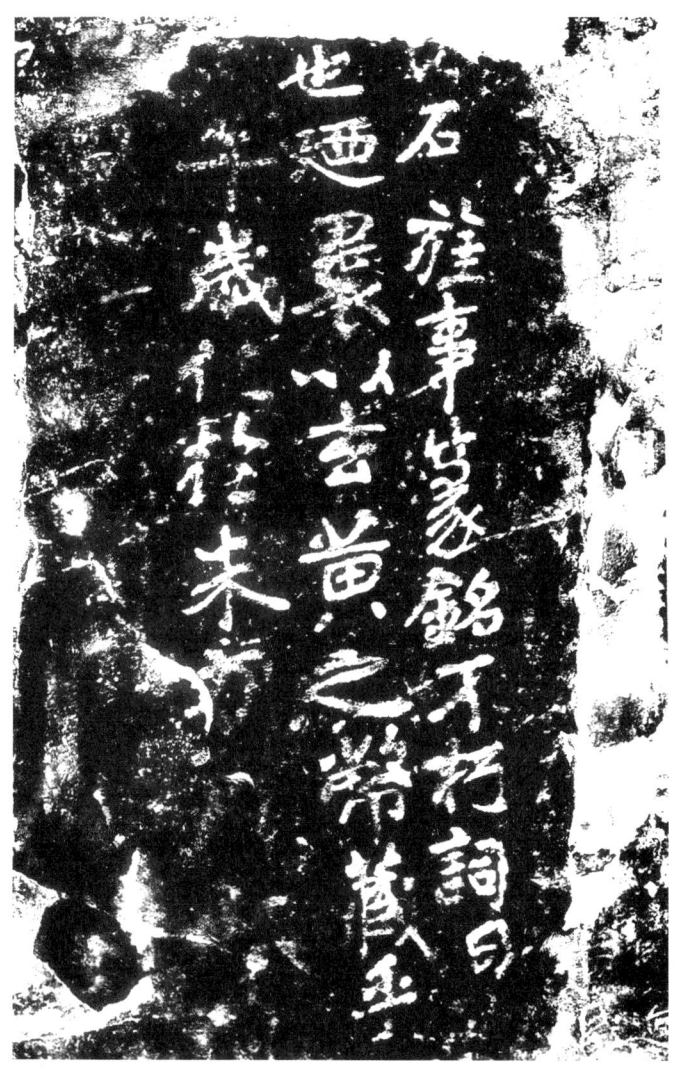

《瘗鹤铭》

肇始。

第二次上岸是在南宋淳熙年间（1174—1189）。宋代马子严《题记》记述了"发卒挽出之"的经过："余淳熙己酉岁为丹阳郡文学，暇日游焦山，访此石刻，初于佛榻前见断石，乃其篇首二十余字。有僧云'往年于崖间震而坠者'。余不信然，遂挐舟至，历观崖间尚余'兹山之下'二十余字，波间片石倾倒，舟人云：'此断碑，水落时亦可摹拓。'今因请于州将龙图阁直学士张子颜，发卒挽出之，则'甲午岁'以下廿余字。"在焦山志书和汪士鈜的相关考述中有过记载。汪士鈜在相关考述中说："宋淳熙中，是石已尝发卒挽出，但不知置之何地，又不知何时覆没江也。"

第三次上岸是最具历史意义的一次。时在清康熙五十二年（1713）冬，闲居镇江的苏州知府陈鹏年为"求遗文出之重渊"，乃命工人割剔打捞，历时3个月，得残石5方，计70余字，并在定慧寺侧建轩保护。打捞《瘗鹤铭》是陈鹏年彪炳史册的事迹，尤其是他"遵原刻行次，存者表之，亡者阙之，鳌以山石，俨若摩崖"。也就是按碑铭原有位置排列成整幅，其中残缺部分则任其空白，按前人考订的文字定位图将断缺字处加以连接。这样的展出方式既开古人之先河，也一直延续至今。

陈鹏年，湖南湘潭人，是清代有名的廉吏、学者。康熙三十年（1691）进士，历官浙江西安知县、江南山阳知县、江宁知府、苏州知府、河道总督，卒于任。说到陈鹏年的清廉之名，还有个经典的小故事。说陈鹏年担任江宁知府期间，与两江总督阿山结怨，遭到弹劾。康熙南巡，

《瘗鹤铭》

摆驾于江宁织造府，有一天看见有幼子在庭院前玩耍，一时兴起，问道："儿知江宁有好官乎？"谁料到这个小孩脱口而出："知有陈鹏年。"据说这个聪颖的小孩就是后来大名鼎鼎的巨著《红楼梦》的作者曹雪芹。

《瘗鹤铭》上岸后，更是得到世人的百般恩宠，渐被视为国宝。宝贝总是容易让贼惦记，1937年年底，镇江沦陷，侵华日军特意来到焦山，准备抢走《瘗鹤铭》石刻。幸而焦山寺僧提前得到消息，将石刻砌入寺壁中，日寇遍寻不得而逃过一劫。

1960年，《瘗鹤铭》移至宝墨轩。2002年，镇江市人民政府对焦山碑林进行扩建维修时建专厅保护，仍依陈鹏年之制，循摩崖之古迹，"不施丹黄，不事雕镂"，以存其实。

2008年秋冬之际，借金山湖清淤工程之机，焦山碑刻博物馆、镇江博物馆、镇江市水利投资公司、江苏省交通工程公司等单位又联合进行了一次规模浩大的，以《瘗鹤铭》落水残石为对象的水下考古行动，利用现代机械与科技的力量，先后发现了多块《瘗鹤铭》疑似残石，并打捞出多件瓷碗、陶罐、铜钱、铁剑等极具价值的历史文物，受到包括中央电视台在内的海内外诸多媒体的广泛关注。如今，在巨公崖下金山湖畔辟有专门平台，展示了几块巨石，其中一块残石上刻有铭文，记录了此次盛举。

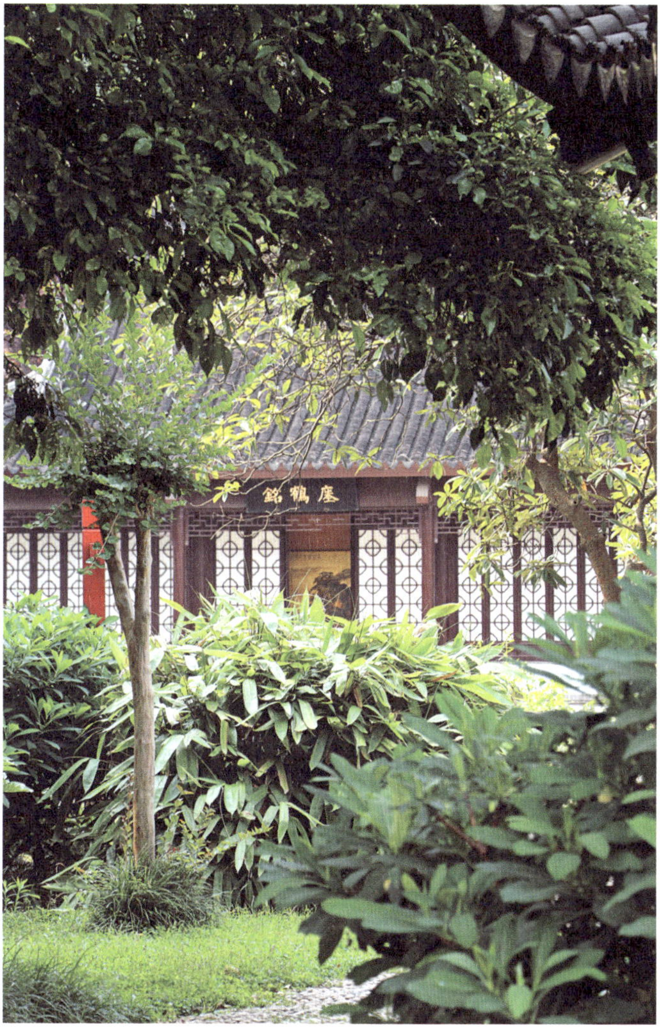
瘞鶴銘

东方文化符号

三、尊崇地位

从书法发展史的角度来看,多数学者认为《瘗鹤铭》的书法代表了南朝楷书的典型风格,历来对其评价甚高。而从书法艺术水准的角度,《瘗鹤铭》自宋时为人所知之后,更是很快得到广泛的尊崇,并逐步走上神坛,受到历代众多书法家的追捧。

追捧《瘗鹤铭》的书法家中首推黄庭坚。黄庭坚,字鲁直,号山谷道人,晚号涪翁,北宋著名文学家、书法家。他是江西诗派"一祖三宗"中的"一宗";与张耒、晁补之、秦观都游学于苏轼门下,合称"苏门四学士";其文又与苏轼齐名,世称"苏黄"。在书法上,黄庭坚亦独树一帜,与苏轼、米芾和蔡襄合称"宋四家",一起代表着宋代的书法风格和最高成就。黄庭坚在《题乐毅论后》中说:"小字莫作痴冻蝇,乐毅论胜遗教经。大字无过《瘗鹤铭》,官奴作草欺伯英。随人作计终后人,自成一家始逼真。"《瘗鹤铭》"大字之祖"即由此而来,不胫而走。

黄庭坚也被认为是古往今来得力《瘗鹤铭》最深的书

黄庭坚像

法大家,其书法成就主要得益于《瘗鹤铭》的滋养,这也成为历代书法家对黄庭坚书法的共识。明代董其昌在《容台别集》中说:"山谷老人得笔于《瘗鹤铭》……其欹侧之势,正欲破俗书姿媚。"明代李日华认为:"山谷擘窠书学《瘗鹤铭》,瘦动精彩,真出铁石手腕。"清代杨守敬也说:"山谷一生得力于此。"康有为说:"宋人书以山谷为最,变化无端,深得《兰亭》三昧。至其神韵绝俗,出于《鹤铭》而加新理,则以篆笔为之。"北京大学教授、引碑入草开创者李志敏评价说:"黄庭坚引《鹤铭》入草,雄强逸荡,境界一新。"尤其是黄庭坚晚年的《松风阁》《经伏波神祠诗》《赠张大同卷跋尾》等代表性作品,突出地表现了他字形的欹侧、错让、对比关系,充分体现出《瘗鹤铭》对他的影响。

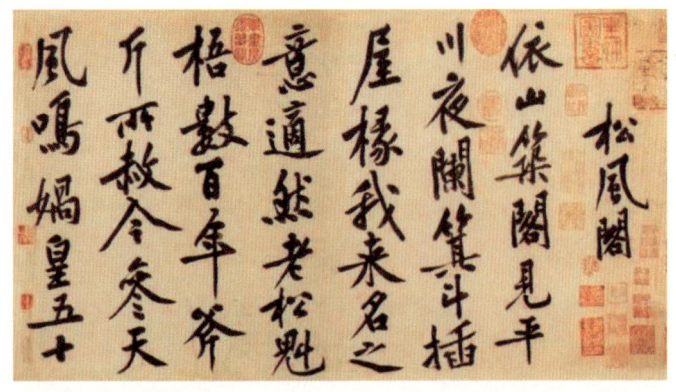

黄庭坚《松风阁帖》

自宋以降，历代众多书法家都给予了《瘗鹤铭》极高的评价，《瘗鹤铭》在中国书法史上逐步奠定了尊崇的地位。南宋曹士冕在《法帖谱系》中认为，焦山《瘗鹤铭》书法之妙，为"书家冠冕"，"焦山《瘗鹤铭》见称于世，不在《兰亭》之下"。王澍在《瘗鹤铭考》中说："其（《瘗鹤铭》）书法虽已削蚀，然萧疏淡远，固是神仙之迹。"朱剑心《金石学·说石》也认为："《瘗鹤铭》为南朝第一，谓如天际真人，蝉蜕尘渣，书中之仙也。"直接将《瘗鹤铭》书法誉为"仙品"了。明清以后也同样有众多书法家给予《瘗鹤铭》极高的评价。王世贞在《瘗鹤铭跋》中说："此铭古拙奇峭，雄伟飞逸，固书家之雄。"龚自珍有诗句曰："欲与此铭分浩逸，北朝差许郑文公。"《郑文公》为中国名碑之一，但龚自珍认为与《瘗鹤铭》相比仍有不及之处，亦可见其价值之大、地位之高。他还说："南书无过《瘗鹤铭》。"康有为《广艺舟双楫》将《瘗鹤铭》列入妙品行列："梁碑则《瘗鹤铭》为贞白之书，最著人间。"20世纪碑学大家祝嘉先生也说："《瘗鹤铭》摩崖，丰筋多力，其章法则奇逸飞动，变化万端，可以与《石门铭》并驾，列入神品，夫复何愧？"

《瘗鹤铭》的影响还远播海外，尤其对韩国书法、日本书道产生了深刻影响。日本山泉秀雄曾著文《〈瘗鹤铭〉对日本书道的影响》，说《瘗鹤铭》对日本艺术的影响，不仅在书道，它的造型艺术还影响到日本的美学意识。在日本历史上极具影响力的大书法家良宽也曾在《答书》诗中说："静夜论文如昨日,风雪回首已两旬。含翰可临《瘗鹤铭》,拥乞平叹老朽身。"他把临摹《瘗鹤铭》作为参禅悟道的门径,一旦笔在手,便临《瘗鹤铭》。

四、作者之争

关于《瘗鹤铭》的众多谜团中,最为引人关注的是作者之争。在前文叙及的传说故事里,老百姓认为作者就是王羲之,但回归史实考证的环节,"王羲之"说只是影响较大的一种说法而已。另外还有"陶弘景"说、"顾况"说、"皮日休"说、"六朝隐士"说等。其中影响最大的是"王羲之"说和"陶弘景"说,但到目前也还没有形成最权威的定论。

一是东晋"王羲之"说。王羲之,一代书圣,留下墨宝众多。认为《瘗鹤铭》为王羲之所书之说,最早见于唐代孙处玄编撰的《润州图经》。孙处玄为唐代润州江宁人,武则天时期在长安做过左拾遗,史书称他"以学行著名""颇善属文"。他在神龙元年(705)辞官回归润州后编撰《润州图经》,该书在先天二年(713)前刊行问世,全书共20卷,记录了唐代润州及所辖6县(主要为今镇江、南京区域)的历史沿革、风土民俗、名胜古迹,内容丰富,可惜已经失传。宋代欧阳修在探讨《瘗鹤铭》时说:"按《润州图经》以为王羲之书,字亦奇特。"

后世最坚定认为《瘗鹤铭》作者是王羲之的，仍然首推黄庭坚。他从书法、结字上断定为王羲之，认为《瘗鹤铭》势若飞动，除了王羲之没有人能够做到。他在《书遗教经后》中说："顷见京口断崖中《瘗鹤铭》大字，右军书，其胜处乃不可名貌。若《瘗鹤铭》断为右军书，端使人不疑。如欧、薛、颜、柳数公书，最为端劲，然才得《瘗鹤铭》仿佛尔。"后世米芾、苏舜钦、郝经、董卣、赵潜、袁中道等都持这种说法，并从书法行体的角度对此进行了诸多论述。清代钱升在《重刻〈瘗鹤铭〉碑记》中也认为"此铭世称为王右军书，与《润州图经》合"，"苏子美亦云：'山阴不见换鹅经，京口空传《瘗鹤铭》'。二公宁无见云。然况佛印师重建山寺，其诗云：'朱方《瘗鹤》右军奇，人石三分记岁时。龙跃蛇奔此崖下，等闲雷雨恐飞驰'。故壮观亭之左，即曰羲之岩"。他在引用了苏舜钦、佛印等人观点后得出结论："此铭为右军书信矣。"及至当代，仍有不少论者认为：《润州图经》是记录性质的地理书籍，具有史传性质，不是学者个人观点，而宋代以后个人研究心得则大多是推测之言，可信度要差得多，因此《润州图经》的记载更为可信。

历史上支持"王羲之"说的还有一个重量级的人物——乾隆皇帝。他在《重书〈瘗鹤铭〉跋》中云："《瘗鹤铭》，不著书人姓氏。昔人传为右军龙爪书，因有逸少字耳。要其苍劲萧朗，非晋人不能。黄庭坚有'大字无过《瘗鹤铭》'

之句，致不虚也。"皇帝位于庙堂之高，自然是一言九鼎，"天宇煌煌，永垂定论"；但在学术世界里并不完全管用，至今书法界、学术界的争论仍然存在。

二是南朝"陶弘景"说。此说最早见于五代《续博物志》一书，中有"陶隐居书自奇，世传画版帖及焦山《瘗鹤铭》，皆其遗迹"。可惜的是：这段话出自志怪小说集内，说服力相对欠缺。较早论定《瘗鹤铭》作者为陶弘景的是北宋黄伯思。黄伯思，北宋晚期重要的文字学家、书法家、书学理论家。对了，七巧板据说就是他发明的。他在《东观余论》跋邵亢参次铭文中，从文格、字法和干支对照等方面对《瘗鹤铭》作者问题进行了论述："仆今审定文格字法，殊类陶弘景。弘景自称华阳隐居，今曰真逸者，岂其别号欤？又其著《真诰》，但云'己卯岁'而不著年名，其他书亦尔。今此铭'壬辰岁''甲午岁'亦不书年名，此又可证。云壬辰者，梁天监十一年也；甲午者，十三年也。按隐居天监七年东游海岳，权驻会稽、永嘉，十一年始还茅山。十四年乙未岁，其弟子周子良仙去，为之作传。即十一年、十三年正在华阳矣。"接着，黄伯思还进一步从年岁、行状等方面论证，认为与王羲之的活动不合。

陶弘景像

陶弘景，南朝人，经历了宋、齐、梁三个朝代。他年少致仕，因厌恶官场，挂朝服于神武门，退隐句容茅山，一心修道，终成道教茅山一派创始人。朝廷对其十分尊重，常信询国家大事，于是又有"山中宰相"之誉。陶弘景精通医药、炼丹，在文学、书法方面也颇有造诣，年轻时主要习"二王"书法，隐居后又多摹许迈等道教书法家真迹，逐渐融会贯通，自成一家。他留下了许多水平极高且影响后世的书法作品，如《梁天监井栏题字》就被认为"含隐逸之状，极类《瘗鹤铭》"；董其昌也曾说，"今当以王僧虔、王徽之、陶隐居大令帖几种为宗，余俱不必学"。

黄伯思的观点在后世得到了极大的认同，宋代刘昌诗、元代陶宗仪、明代周晖及清代的顾炎武、王士禛、程康庄、翁方纲等均持此观点，并进行了深入的讨论。尤其是翁方纲在《〈瘗鹤铭〉书自陶贞白辨》中更是系统论证，最终十分肯定地认为："《瘗鹤铭》直著其为陶隐君书可矣。"这一说法在后世也得到了越来越多的支持，现代出版的《魏晋南北朝书法》《中国书

顾况像

皮日休像

画鉴赏辞典》《历代书法鉴赏》等都坚持此说。

三是唐代"顾况"说。持此说的是欧阳修,他在《集古录》中说:"华阳真逸是顾况道号,铭其所作也。"但后世赵明诚等许多人都反对这一说法,认为查遍唐史及顾况文集,皆无此号。

四是唐代"皮日休"说。因为明代《玉烟堂本〈瘗鹤铭〉》中有"上皇山樵人逸少书",清代程嗣章认为:皮日休,字逸少,其诗集中有买鹤、养鹤、亡鹤、悼鹤记载,因此断定是皮日休书。此说最被人诟病的是《玉烟堂本》本身就有篡改原作之嫌,难以为据。

五是六朝"隐士"说。清代学者陈庆年在《横山乡人类稿》中说,"上皇山即丹徒镇南之横山",认为出自横山乡之樵夫(隐名)书法家之手,不往名家身上靠了。

五、内容之谜

《瘗鹤铭》坠入江后,至北宋初始为人所知,枯水时节有字露出,时人争相拓之,甚至有人剡石而去。清康熙五十二年(1713)冬,闲居镇江的苏州知府陈鹏年为求遗文出之重渊,乃命工人割剔打捞,历时3个月,得残石5方,计70余字。也就是说,这篇铭文的原文究竟是怎样的无人知晓,这也就成了《瘗鹤铭》另一大谜团。

目前所知《瘗鹤铭》最早的文本是《唐人书瘗鹤铭文》,简称"唐人本"。此本为唐时金山寺僧抄录在经书之后而留下,也被认为是碑刻未崩坠入江之前留下的最接近原刻全文的旷世孤本。由于是北宋时告老还乡的刁约在"金山经庋中得之",也被称为"金山本"。虽然手抄于经书之后属于随笔而为之,但仍然是目前所知内容最为完整的版本,为后世研究、定位铭文提供了重要依据。刁约,字景纯,丹徒人,少卓越刻苦学问,能文章,始应举京师,与欧阳修、富彦国声誉相高下。他为人忠厚,从不登权要之门,时人称为"刁学士"。刁约回镇江后,修葺自家的园林住宅,取名藏春坞。

从宋代起,《瘗鹤铭》受到越来越多的重视,其研究也开始丰富起来。在传世资料中,影响较大的是北宋欧阳修。他在《集古录》中说:《瘗鹤铭》"刻于焦山之足,常为江水所没。好事者伺水落时,模而传之,往往只得其数字,云'鹤寿不知其几也'而已。世以其难得,尤以为奇。惟余所得六百余字,独为多也"。欧阳修名震当时,他的推崇对《瘗鹤铭》的闻达起到了极大的作用,不过他说他"得六百余字",不是吹牛就是笔误,很可能是"六十余字",因为所有《瘗鹤铭》的文本记载都只有100多字。

文本内容方面,宋代学者根据所见《瘗鹤铭》残石记录整理出不少文本,影响较大的主要有三种:一是邵亢本。这是北宋枢密直学士、资政殿学士邵亢现场考察厘定的文本,计123字,这个文本内容存于宋人笔记和南宋《嘉定镇江志》中;二为张坒本,这是北宋进士张坒于熙宁三年

（1070）实地考察厘定的文本，计130余字；三为咸淳本，在元《至顺镇江志》中有全文记载，计119字，并注明"此为宋咸淳间所存者也"。宋代以后的《瘗鹤铭》残石，江水侵蚀，泥沙覆盖，即使在冬季水落石出时，要想看一眼也不是件容易的事。不同季节观赏到的内容不尽相同，字数也有多有少。拓本中现在藏于北京故宫博物院的宋拓本《瘗鹤铭》最为珍贵，但只有30字。元明清以后，各种传本大体是宋代这三种文本和府治后刻石摹本的翻版。其中影响最大的是明代《海宁陈氏玉烟堂刻本》（简称《玉烟堂本》），为"万历四十年（1612）壬子陈元瑞摹勒上石"。

当然，《瘗鹤铭》版本还有各种划分方法。按时间分，以康熙五十二年（1713）陈鹏年打捞为界，分水前拓本和出水后的拓本。根据资料来源划分，则又有原石拓本、别刻本、砖刻本。元明以来，各种刻本和考订本就更多了，如元代陶宗仪考次《瘗鹤铭》文，明代张浦刻《瘗鹤铭》文、顾宸家藏《瘗鹤铭》文本、陈氏《玉烟堂本》等。乾隆帝为《瘗鹤铭》"非晋人不能"之说张目，特意"宸翰重书，永垂定本"，但实际上仍无定论，各种争论不休。

文本流传研究起来虽然有些复杂，但对于我们普通读者而言，要了解一下也并非遥不可及。镇江文史学者、考古专家刘建国先生在其专著《古城三部曲》一书中，对《瘗鹤铭》"唐人本"进行了点校和翻译，文辞严谨而不失风采，不妨移录如次，以飨读者。

铭文为：

鹤寿不知其纪也，壬辰岁得于华亭，甲午岁化于朱方。天其未遂，吾翔寥廓耶？奚夺余仙鹤之遽也。乃裹以玄黄之币，藏乎兹山之下，仙家无隐晦之志，我等故立石旌事篆铭不朽词曰：

相此胎禽，浮丘之真，
山阴降迹，华表留声。
西竹法理，宰丹岁辰，
真唯仿佛，事亦微冥。
鸣语解化，仙鹤去莘，
左取曹国，右割荆门。
后荡洪流，前固重扃，
余欲无言，尔也何明？
宜直示之，惟将进宁，
爰集真侣，瘗尔作铭。

译文为：

这一只仙鹤的寿命之长无从知晓，东晋咸和七年（332）于华亭（今松江）得到了它，两年之后它即仙逝于朱方（今镇江）。上天啊，还没有让我实现骑着它翱翔天空的愿望，便突然间夺去了我心爱的仙鹤。现在只好给它轻轻地裹上黑黄相间的锦绸，将其埋藏于焦山之下。仙家并不想隐晦自己的生平，我们为了纪念它的事迹，特地在这崖壁间石上写下不朽的铭词：

　　我们眼前的白鹤是浮丘仙人的化身，
　　你曾飞临山阴（今绍兴）降落到雷门的鼓上，
　　震响的鼓声连洛阳的华表都能听见；
　　你又在西竹传法，宣讲主宰生命的奥秘。
　　你的事迹早有所闻，只是仿佛若隐若现。
　　今天你在鸣唱中悄然羽化升天，
　　载着我们一道去飞向中原的莘地：
　　向左倾，你收取了山东半岛的曹国，
　　向右倾，你又挟起长江中游的荆门；
　　身后翻滚的波涛掀起无限的豪情，
　　可是想不到前面却被重重巨锁封闭。
　　对这一切我欲语还休，而你也不用阐明，
　　本来应该毫无顾虑地陈述我们的心声，
　　但是为了安宁只有使自己缄默无言……
　　还是让你的挚友聚在一起吧，
　　最后唱一曲与你告别的悼文！

第四章 焦山摩崖觅遗踪

一、摩崖石刻概观

焦山摩崖石刻以《瘗鹤铭》为开端,唐刻《金刚经偈句》继其后,吸引了历代廷臣朝士、高隐名贤、骚人墨客前来探幽访胜,又留下大量精美的访铭题刻。这些石刻主要在焦山西麓雷轰崖(又称雷公崖)、罗汉崖(又称巨公崖)、浮玉崖一线,自六朝到民国,历时1000多年,终成洋洋大观,也成为如今焦山碑林的重要组成部分。

雷公崖最早被辟为书法刻石之地,此处曾有六朝《瘗鹤铭》、唐代《王瓒诗刻》《傅先生石室》等。不知何年,这些刻石与《瘗鹤铭》相继崩落山下。现雷公崖石上存有宋刻2方:《陈朴文等题名》《刘龟年题名》;明刻5方:《徐岱等题名》《李祝等题名》《朱贞吉等题名》《汪宗尼等寻瘗鹤铭题诗》《崖泉山人题记》;清刻4方:"鲍皋题"三隶字、《庄棫等题名》《马延祖等题名》《曹□□题名》。

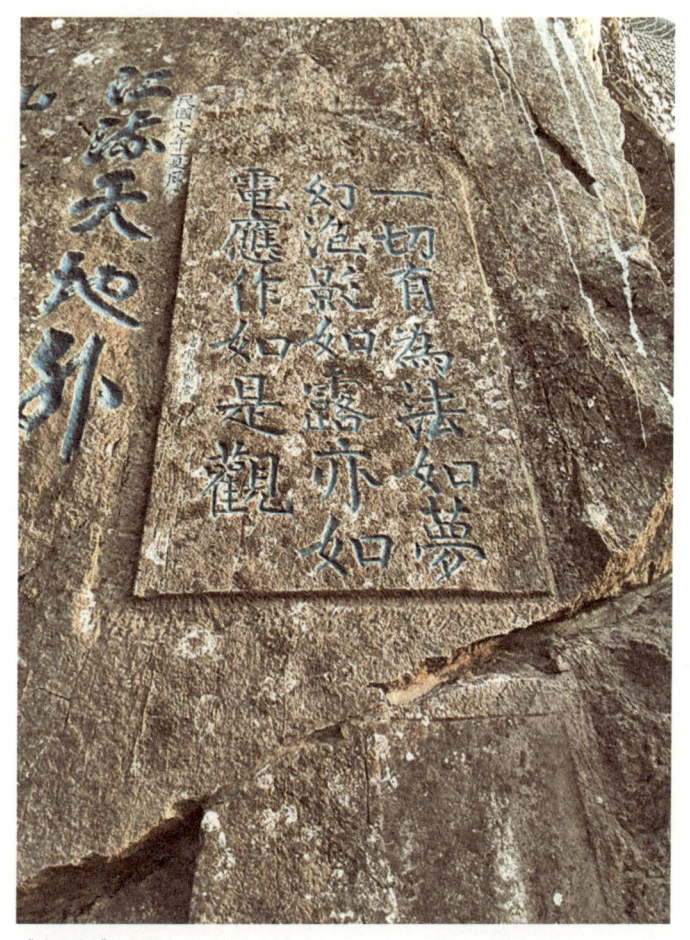

《金刚经》石刻

《金刚经》偈句

往东即为巨公崖,这是继雷公崖后开发的怪石林。明朝书法家米万钟曾有诗记之,"江吐高人地,僧开怪石林",其中最著名的当属唐刻《金刚经》偈句。后世又继续往东,相继开发出"浮玉摩崖""观音岩""栈道岩"等,宋代苏洞、米芾、赵孟奎等在浮玉岩刻石题名、题记。最终,焦山西麓长200多米、高10多米的崖壁上,刻满了宋、元、明、清的书法题记、题名、题诗,十分壮观。

1000多年来,焦山摩崖上究竟有多少石刻,没有确切的统计数字。只能以现存数量为基准,再根据古人笔记、诗文和《焦山志》等方志记载,估算约为100多方。这是因为有的石刻文字已漫漶不清,难以辨认;有的石刻遭雷电袭击,坠落江中;有的因山体塌方而从此埋没不见。焦

巨公崖段摩崖石刻

山山体由奥陶系石灰岩构成，顶部覆盖着下蜀黄色黏土，石灰岩崖壁长期风化，容易坍塌流失。而焦山千年以来都立于扬子江水之中，万里长江奔腾西来，惊涛拍岸，因而焦山西麓极易崩塌。史书中曾多次记载焦山山体的滑坡和崖石崩入江中的情况，即使在中华人民共和国成立后，因受洪涝、暴雨的侵袭，焦山也已先后出现4次滑坡，致使焦山西峰日渐削平，山体不断收缩。如1991年的特大洪涝灾害，焦山西麓就出现了多处大面积的坍陷。

党和政府历来高度重视焦山摩崖石刻的文物保护，除将《瘗鹤铭》建亭存于焦山碑林中，还将《陆游题记》从摩崖上取下，放置在焦山浮玉岩之东、山足之南，建半亭保护。1957年8月30日，江苏省人民委员会公布焦山摩崖石刻为镇江市文物保护单位。1988年1月17日，国务院公布焦山碑林（包括摩崖）为全国重点文物保护单位。1991年洪涝灾害发生后，地质部门对焦山进行详勘，摸清了崖体结构。1992年3月，整治抢救摩崖石刻第一期工程动工，6月竣工。1995年4月下旬，整治摩崖第二期工程开工，6月竣工。整治工程对摩崖石刻进行了卓有成效的抢救性维修，将巨公崖石进行了加固。对浮玉岩的石刻，有的重新定位与崖石拼接，排除了险情，使摩崖文物安然无恙。

这两期整治工程还有意外收获，清理发现了多方湮没于崖壁间的题刻。如山之西栈道岩中部洞壑右侧的吴琚楷书"云壑"2字,每字高、宽均为20厘米,原为苔藓所覆,经抉剔始清晰可见。又如浮玉崖中部,通过剔除苔藓得"天下太平"4个楷字,每字长、宽皆18厘米。后又在三诏洞顶寻见横列5字楷书"宛在水中央",其中"水"字已为焦公洞屋脊所遮,为"明天启四年(1624)墨侧卢大章镌"。

二、唐刻摩崖简述

论历史之久远,焦山摩崖石刻自然要数《瘗鹤铭》为最,而紧随其后的是巨公崖上的唐《金刚经》偈句,是目前焦山摩崖现存唯一一方唐刻摩崖。石高1.8米、宽1.1米,碑刻内容是:

一切有为法,如梦幻泡影,如露亦如电,应作如是观。

这四句是《金刚经》最后的偈语,简单粗浅地理解,其大致意思是修行之人应该认识到这世间的一切事物都如梦幻泡影、露珠闪电一样虚无缥缈,是佛家强调静心无欲的意思。《金刚经》为佛教经典,全称《金刚般若波罗蜜经》,是中国禅宗的重要经典。唐高宗年间(650—683),玄奘法师弟子宝寂禅师来焦山创建寺宇,始建大雄宝殿,传法相宗。五代后唐时期,禅宗高僧枯木禅师来焦山,传禅宗,将《金刚经》偈语刻石,宣扬佛教经义,为禅宗传法造出声势，也为摩崖石刻的兴盛发展起到了推波助澜的作用。焦山摩崖石刻的发展与焦山佛寺的发展是紧密联系的。我们可以看到，焦山摩崖许多石刻都与寺庙寺僧有关，如有名的《苏洞题名》《胡师文等题名》《陆游题记》等，而且大部分石刻也是僧人凿刻于岩壁，用以加强宣传，结缘文士。另如前文所叙，日寇入侵期间《瘗鹤铭》也是因焦山寺僧砌入墙壁才最终得以保全的。

此方石刻为楷书，书家评价说此刻"线条舒展遒劲，结体谨严浑朴，点画浑厚雄劲，用笔方圆兼施，有汉隶之笔意，而无唐楷之拘谨，借让腾挪有致，大小参差错落，得自然之姿、雄伟之势"。关于作者，焦山清恒《枯木堂笔记》载："焦山巨公崖，有唐僧人刻《金刚经》四句偈于石壁，署名贞观。"也就是说：此处"贞观"二字并非唐太宗年号，而是刻石僧人法号。《灵隐寺志》记载说，"圣达贞观禅师姓范，钱塘人"，是一代高僧，有"钱塘有贞观，佛法当天下一半"的谚语流传于当时。

《金刚经》偈句是目前焦山摩崖仅存的一方唐刻，但实际上，在焦山摩崖历史上有史料明确记载的有名的唐刻摩崖还有另外2方。

一是《王瓒诗刻》。王瓒，唐太宗时人，工于书法，曾有诗刻于焦山摩崖，宋代张邦基就曾见到过这方《王瓒诗刻》。他在《墨庄漫录》中说，虽"今刻亦渐漫漶"，但"尚可读也"，并且"摹一本以归，以示知书者"。张邦基是南宋高宗绍兴年间人，他见到了此刻并摹下了拓本，说明这一方石刻至少存世数百年。王瓒诗刻题云《冬日与群公泛舟此山》："江水初不冻，今年寒复迟。众芳且未歇，近腊乃夹衣。载酒适我情，兴来趣渐微。方舟大川上，环酌对斜辉。两片青石棱，波际无因依。三山安可到，欲到风引归。沧冥壮观多，心目豁暂时。况得穷日夕，乘槎何所之？丹阳功曹掾王瓒。"

二是《傅先生石室》。据《焦山志》载：原位于瘗鹤崖下，昔日有户有庭，有屏有案，中窈而深，可通岩腹，傅先生隐居于此，并以木钻石47年，使石盘为穿。"傅先生石室"5字为唐刘介书。石刻亦不知何岁崩落山下，埋没不见。

不仅是唐刻，不少宋代刻石也剥蚀严重，有的已无法辨认字迹。更有甚者，有的只见文字记载，不见原石了。如宋"万年永康"4字，志书虽载，然无作者及具体年月，字迹亦不存。又如宋"醉石"楷书，字已模糊不清，米芾题名也严重漫漶。再如吴琚的《心经》，《京口山水志卷三》载："《心经》：'无色声香味触法，无无明，亦无无明尽，无苦集灭道。般无有诸佛多是大苦真说咒曰琚敬书。'后来开裂，一半坠于江中，一半移置松寥阁，但漫漶不清。"清陈任旸也记载："松寥阁尚有公书《心经》残石，光绪三十五年（1905）阁灾石毁，亦藏有拓本，何以不存？果于观音崖下土中掘得。三十三年六月宜兴陈任旸题记。"古人尚"掘得"，而今日即使是残石亦不得见了。

三、摩崖石刻撷英

焦山摩崖石刻百余方，从内容上看，种类十分丰富：有寻访《瘗鹤铭》抒表情怀的，有怀古咏今寄托抱负的，有发忧国之情家园之思的，有阐道家微言述佛教经义的，有题刻经典名言的，也有直接题记留名的。从历史时序来讲，自六朝以下，唐宋元明清直至民国，各个朝代时期都有石刻留下。从作者来看，陆游、米芾、吴琚、梁章钜、康有为等。既有文坛巨匠，也有书法大家；既有当朝重臣，也有改革先锋。可谓名家云集，群星荟萃。从书法形态来看，更是真、草、隶、篆俱备，各得奇妙。内容和形式也非常多样，没有单调之感。其中既有百余字的短文题记，也有几个字的题名，还有精彩的擘窠大字，各见功力、奇趣和个性。还有一些即兴之作，不计巧拙，草率急就。这一类题名石刻，焦山摩崖中较多，在无意间造成了有意追求而不可得的天趣妙境，同时形成了焦山摩崖以《瘗鹤铭》及《米芾题记》等为代表的真率随意、韵致奇逸、古拙质朴的鲜明风格。

为了叙述的便利，我们不妨用内容与形式相结合的方法，将焦山摩崖石刻分为"寻访《瘗鹤铭》""雅集题记""题诗抒怀""大字石刻"4个专题，各以部分石刻为例，作一些概观的介绍。

（一）寻访《瘗鹤铭》

寻访《瘗鹤铭》是焦山摩崖石刻特有的主题，没有《瘗鹤铭》，就没有摩崖石刻；没有摩崖石刻，就没有焦山碑林。《瘗鹤铭》为世人所重后，名人雅士接踵而来，慕名寻访，留题记、诗文凿于崖壁。焦山摩崖石刻有别于其他摩崖的最为特别之处，就在于它以《瘗鹤铭》为主线，历经千年发展而形成，诸体咸备，集书法艺术之大成。

顺言一句的是：1956年1月1日《人民日报》改为左起横排，自此我国书面文字开始横排，并逐渐成为主流。而此前几千年的书写格式都是右起竖排，例外者极少。而《瘗鹤铭》就是个例外，它是左起竖排。因追随《瘗鹤铭》之故，在焦山摩崖石刻中，有不少都是左起竖排的，尤其是寻访《瘗鹤铭》类碑刻。这种形式与寻访《瘗鹤铭》的主题内容一起，已成为焦山摩崖石刻的一大特色。

1. 刘龟年谨题

在雷公崖，全文为：

刘唐年君佐，弟延年子永、龟年仁父、彭年元老，因访右军碑，跻攀至此。熙宁元年季春廿日，龟年谨题，释景宗同游。

古人取名，有名有字，且常连缀相属表述，如"苏轼子瞻""王安石介甫"等。简略解读这篇题记，大致是刘家四兄弟刘唐年、刘延年、刘龟年、刘彭年,在熙宁元年（1068）季春（农历三月）来焦山,在僧人景宗的陪同下,跻攀至雷公崖,观摩《瘗鹤铭》,然后刘龟年执笔写下了这篇题记。这里面有两个信息值得注意：一是在宋神宗时期,世人可能多认为《瘗鹤铭》作者是王羲之,所以称"访右军碑"；二是"跻攀至此"的"此"字更是点出了《瘗鹤铭》坠入江中的准确位置,这极为可贵,为后世搜寻打捞《瘗鹤铭》提供了很好的参考。

关于题字者刘龟年,有不少释者注解为："字且老,宋孝宗时知武陵。"这是不对的,最根本的依据是年份对

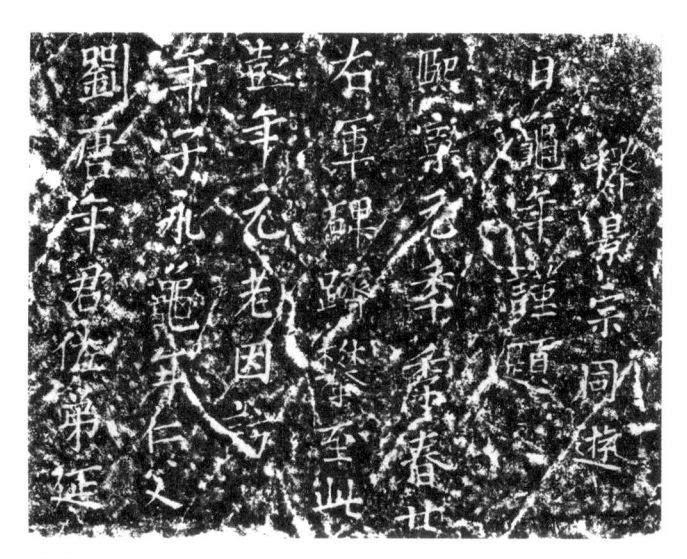

刘龟年题记

不上。来焦山访《瘗鹤铭》的刘龟年至少已经成年，而熙宁元年是在北宋时期，孝宗则是南宋第二位皇帝，两者相距几乎整整100年，刘龟年不可能100多岁之后到武陵去任职。倒是他的哥哥刘唐年能在宋代文献中找到，元丰七年（1084）三月初三日苏轼《记游定惠院》中说："刘唐年主簿者，馈油煎饵，其名为甚酥，味极美。"刘唐年时任黄州主簿。因此，目前准确的说法只能是"题名者龟年生平不详，史志无载"。历史上最出名的"龟年"应该是被诗圣杜甫写进诗里的唐代乐工李龟年了，他与李彭年、李鹤年兄弟三人创作的《渭川曲》深受玄宗赏识。你看，两个龟年都有个兄弟叫彭年，历史就是这般巧合。一笑。

2. 米芾题记

目前焦山摩崖所存米芾石刻共有2方。其一是在浮玉崖的题记，内容是：

仲宣、法芝、米芾，元祐辛未孟夏，观山樵书。

这14个字苍古奇峭，拙朴疏朗，有明显的《瘗鹤铭》书风。文中的仲宣为甘露寺僧，法芝为金山寺僧。时间是元祐辛未孟夏，即1091年农历四月。

另外一处在巨公崖，内容更为简略，目前可辨认的是"建中靖国岁芾"6字。"建中靖国"是宋徽宗即位后的年号，即1101年。有释者认为：米芾书此年号，表达了

米芾题记

对党祸平息、国家安定、天下太平的愿望。

米芾，初名黻，后改芾，字元章，湖北襄阳人，北宋书法家、画家、书画理论家。举止癫狂，世称"米颠"，与蔡襄、苏轼、黄庭坚合称"宋四家"。"宋四家"中苏轼和米芾与镇江的关系最为密切。米芾定居镇江多年，其子米友仁《潇湘奇观图》题跋云："先公居镇江四十年。"《嘉定镇江志》记载：米芾的父母病逝后，都葬在了镇江城外的黄鹤山。米芾死后也安葬在镇江，蔡肇为他撰写了墓志铭。根据墓志铭的记载:"大观三年(1109)六月某日葬丹徒长山下。"蔡肇是米芾同时代的人,按理说这个记载可信度很高。可是《京口耆旧传》《嘉定镇江志》《万历丹徒县志》等书,都称米芾墓位于黄鹤山。目前较流行的猜测是原葬于长山,后米友仁为祭扫方便迁到了黄鹤山。

米芾迁居镇江40年,先后营建过3处宅院,分别是西山书院、米老庵和海岳庵。西山书院位于今天的千秋桥街附近,"有轩曰致爽,斋曰宝晋,其所著文号《宝晋山林集》"。米老庵位于北固山西麓,主要建筑是著名的净名斋和海岳庵。后来甘露寺发生大火,米芾又在城东另建了一处海岳庵。米芾在镇江这么多年,自然常常到焦山观摩《瘗鹤铭》。另外,米芾流传后世的书法多为小字,只有《研山铭》《虹县诗》《吴江舟中诗卷》和《多景楼诗帖》是大字作品,而这4件作品都创作于镇江。

3. 陆游题记

浮玉崖石刻,楷书,现存于焦山华严阁向西的小道半亭。全文是:

陆务观、何德器、张玉仲、韩无咎,隆兴甲申闰月廿九日,踏雪观《瘗鹤铭》,置酒上方。烽火未息,望风樯战舰在烟霭间,慨然尽醉。薄晚泛舟,自甘露寺以归。明年二月壬午,圜禅师刻之。务观书。

陆游题记

　　全文只有区区 74 个字，却完整地记载了诗人一行人活动的时间、地点、人物和所见、所闻、所感，情趣盎然，内容丰富，情感浓郁，是一篇优秀的游记。当代散文大家刘白羽赞之为"自古至今最短最好的散文"。

　　陆游，字务观，是南宋极为重要的诗人，曾自言"六十年间万首诗"，现在存世的有 9300 余首，有《沈园二首》等诸多名篇。他是一位忧国忧民的政治家，力主抗金，其临终以"王师北定中原日，家祭无忘告乃翁"之遗嘱告子孙，感动千古。陆游与镇江也有着极深的渊源。隆兴元年（1163），陆游因得罪权臣被排挤出朝，任镇江府通判，次年二月到任。这次到焦山踏雪寻访《瘗鹤铭》是在"隆兴甲申闰月廿九日"，也就是他到任镇江后的第二年的冬天。他在《渭南文集》中对此也有记述："隆兴二年闰十一月壬申，许昌韩无咎以新番阳守来省太夫人于闰，方是时，予为通判郡事，与无咎别盖逾年矣。相与道故，旧问朋游，览观江山，兴酒相属。"

　　细读这篇题记，我们至少可以获得这样几个基本信息：一是当时《瘗鹤铭》已是珍品盛名，哪怕是泛舟踏雪，有名望的文人雅士都以一瞻其真容为快事。如韩元吉（无咎）就是南宋极具声望的词家，与陆游、朱熹、辛弃疾、陈亮等当时名流和爱国志士相善，多有诗词唱和，著有《涧泉集》《涧泉日记》；二是当时北方战事未平，"烽火未息，望风樯战舰在烟霭间"，而报国无门的陆游也才会"慨然尽醉"；三是此刻由寺僧凿于乾道元年（1165），距今已850多年了；四是从焦山回城的路线与今大不相同，是从"甘露寺以归"，航程比现在到焦山公园大门远多了。

　　从书法艺术来看，陆游书法存世极少，这篇游记由陆游亲自作文并亲自书写，是陆游传世书迹中不可多得的楷书精品之一。此刻全文沉雄稳健、挺拔坚韧，书法俊逸秀润，非常罕见和珍贵。如今，《瘗鹤铭》碑林专馆的匾额"瘗鹤铭"三字便取自陆游的这方题记，由镇江知名篆刻家汤真洪先生镶刻。

　　4. 吴琚焦山诗

　　吴琚在摩崖上存有2处题刻，除了前文提及的楷书"云壑"2字，另外一篇即为寻访《瘗鹤铭》的诗作——《焦山观〈瘗鹤铭〉有作》：

昔爱山樵书，今踏山樵路。
江边春事动，柳梅皆可赋。
荦确石径微，白浪洒衣履。
临渊鱼龙惊，扪崖猿鸟惧。
古刻难细读，断缺苍藓护。
岁月岂易考，书法但增慕。
摩挲复三叹，欲去还小住。
习气未扫除，齿发恨迟幕。
华亭鹤自归，长江只东注。
寂寞千古意，落日起烟雾。

淳熙甲辰上元前三日游焦山观《瘗鹤铭》而作，延陵吴琚。

这是吴琚于南宋孝宗淳熙十一年（1184）来焦山观《瘗鹤铭》时所题的诗。我们可以看出吴琚观摩《瘗鹤铭》的一些历史信息：一是踏访的时间为"上元前三日"，刚刚过春节，自然江边开始"春事动""柳梅皆可赋"，风景是极好的；二是当时要看一眼《瘗鹤铭》还真不容易，又是"临渊"又是"扪崖"，惊动了不少鱼龙猿鸟；三是当时的《瘗鹤铭》已经是"断缺""难细读"了，长满了"苍藓"。当然，纵使如此，仍然要"摩挲复三叹，欲去还小住"，反复观摩，舍不得离开，直到日落方回。由此亦可见《瘗鹤铭》在书法家心中地位之尊崇、魅力之无穷。

吴琚,字居父,号云壑,开封人。在当时,吴琚的第一身份无疑是皇亲国戚。他的姑姑就是高宗赵构的皇后吴氏,绍兴十三年(1143)册立,一生历经高宗、孝宗、光宗、宁宗四朝,在后位长达55年,谥宪圣慈烈皇后吴氏,是历史上在后位时间最长的皇后之一。他的父亲吴益

吴琚焦山诗

就是宪圣皇后的弟弟,历官至保康军节度使,加官为太尉、开府仪同三司。孝宗即位后,晋升为少傅,又晋升为太师,被封为太宁郡王。乾道七年(1171)去世,谥号"庄简",追封为卫王。吴琚的母亲为秦桧长孙女。如此豪门出身,官路自然不错,从临安通判干起,其后历尚书郎、镇安军节度使,复知明州、知鄂州、知庆元府,位至少师,世称"吴七郡王"。

不过在历史上,吴琚广为人所铭记的身份则是书法家。史载他好书画、工诗词,尤精翰墨,孝宗常召之论诗作字。他日临锺繇、王羲之书帖,擅正、草,工行书,后又师从米芾,其书多有米氏韵味,并达到较高的水准。董其昌称他"书自米南宫外一步不窥",是后世宗法米芾而有影响力的书法家。此刻书法奇纵峻峭,是其传世书迹之一。

5.明汪宗尼等题诗

在雷公崖,隶书,刻于明万历庚寅(1590)秋。全文为:

万历庚寅秋七月,彰郡汪宗尼载女郎马凤笙来游焦山,无何陈扬产、程应衢、茅溱继至。相与披草莱,涉泥滓,寻瘗鹤旧铭,踞石痛饮,各赋一诗,题壁而去。

瘗鹤千古铭,苍苔迷怪石。仿佛龙蛇文,乃杂鼌鼍迹。汪宗尼。

褰裳寻鹤铭,扪萝觅栈石。不见剺厕人,空余蝌蚪迹。黔中陈扬产。

汪宗尼等题诗

残铭既剥落,江浒杂乱石。攀援历潺湲,欣然得遗迹。程应衢。

有鸟去不归,莫觏华表石。谁为千年人,谓感千年迹。京口茅溱。

漠漠江上云,累累水际石。何意金粉姿,睹此烟霞迹。秦淮马凤笙。

石刻前半部分记述汪宗尼等携秦淮女子马凤笙同游焦山,披草涉泥寻《瘗鹤铭》,并踞石痛饮、赋诗题壁的经过。后半部分刻有汪宗尼等5人所赋五言诗5首。从诗文内容我们也可以看出一些信息:一是他们此次所看到的是在水中的《瘗鹤铭》落石,这在程应衢的诗中有清晰的表达；二是因为江水冲刷，铭文可能清晰度受损，几人诗中"龙蛇文""鼋鼍迹""蝌蚪迹""烟霞迹"可能不完全是艺术修饰的需要。

汪宗尼，生卒年月及生平不详。京口茅溱倒有一些历史信息，说他字平仲，少负奇任侠，不拘绳检，性嗜学，恣意古文诗歌，与邬佐卿唱和，酒人剑客，屡相切磋。曾挟吴姬游塞上20年，击筑酣歌，作出塞、入塞曲。归里后尽敛其少壮时英气，营别墅，审音律，辑《韵谱本义》，自称"日损居士"，卒年76岁。著有《韵谱本义》《四友斋集》等。看起来真是快意人生。

从书法艺术上来讲，此刻篆隶互掺，结体方整，用笔厚重似《夏承碑》，也被认为是明代隶书之佳作。

6. 清额勒布题记

楷书，刻于清嘉庆十三年（1808）。全文为：

嘉庆十三年四月二日，大理寺卿巡按两淮盐漕察院长白额勒布同长沙张显明、会稽张驭先游焦山，观《瘗鹤铭》，三宿松寥阁，寺僧觉灯刻石。

额勒布，满洲正红旗人，姓索佳氏，号约斋，出生在官宦世家，祖父当过满洲副都统，父亲任安徽布政使。额勒布在嘉庆时仕途开始发达，由笔帖式累擢户部郎中、两淮盐政、鸿胪寺卿、总管内务府大臣等。他是历史上有名

额勒布题记

的廉俭官员。旧时两淮盐政大权在握，多有挥霍成性飞扬跋扈者，但他主政江淮盐业3年，力主矫正积弊，留下了极为清廉的官声，《郎潜纪闻二笔》《额侍郎别传》中都有记载。另外，额勒布虽然是以八旗子弟身份入仕，非两榜出身，却风雅之极。嘉庆二十三年（1818），以书斋"藤花榭"为名，刊刻《绣像红楼梦》，世称"藤版"。观摩《瘗鹤铭》为历来雅事，扬州近在咫尺，盐政大人是要前来的，于是也就有了这方题刻。我们也可以看到，额勒布这方题刻书法端庄圆润，布白均匀妥帖，颇具颜体神韵。

7. 陶澍题记

在巨公崖，隶书，刻于道光九年（1829）。全文为：

道光九年己丑三月，江苏巡抚安化陶澍、漕运总督长白讷尔经额因公过焦山，同寻《瘗鹤铭》旧处。

陶澍，字子霖，号云汀，湖南安化人。他是一代重臣，嘉庆七年进士，授庶吉士，任翰林编修，后升御史，曾先后调任山西、四川、福建、安徽等省布政使和巡抚。道光五年（1825）五月调任江苏巡抚。道光十年（1830）任两江总督，后加太子少保。同时，陶澍著文赋诗，造诣不浅，书画兼长，为后代留下了不少佳作。在陶澍为官过的地方，民间流传着不少故事，《陶澍私访南京》就是淮剧的传统保留剧目。

题记中的另一主人公费莫·讷尔经额，字近堂，满洲正白旗人。嘉庆八年（1803）中翻译进士，嘉庆二十四年（1819）升工部郎中。道光五年（1825）迁山东布政使，署理巡抚，次年升漕运总督。道光九年（1829），调任

陶澍题记

陶澍题记石刻

山东巡抚。此后便常年统兵，筹划海防，操练团练。道光二十一年（1841）授直隶总督，是晚清十大直隶总督之一。

对照两人履历，1829年，两位重臣因公事过焦山，顺道寻访《瘗鹤铭》，而此后不久两人都升任了更重要的职务。此题书法波磔舒展，富于变化，布局疏朗，风格飘逸潇洒，颇具《礼器》《史晨》之神韵。

次年，陶澍再次来到焦山，在巨公崖再留下一处题名刻，内容不再是寻访《瘗鹤铭》，而是雅集游览。全文是："道光庚寅二月二日，江苏巡抚安化陶澍、江宁布政使善化贺长龄，因公过焦山，山中梅花大放，登黄叶楼，开窗远眺，山光海色，为之畅然。"

（二）雅集题记

文人雅集，骚客泼墨，吟咏弹唱，留下诗文书画，历来被视为盛事。尤其是在名山大川，常常被勒石以记。在焦山摩崖石刻中，也有大量的雅集题记题名，可以一观。

1. 苏洞题名

位于浮玉岩，隶书。全文为：

郡太守河东裴煜如晦，率上党鲍安上子和东莞徐亿仲永、吴兴郏修辅景臣、晋陵丁宝臣元珍、武功苏洞大雅同游焦山普济院。治平甲辰岁仲春十八日，洞题。

苏洞等题名

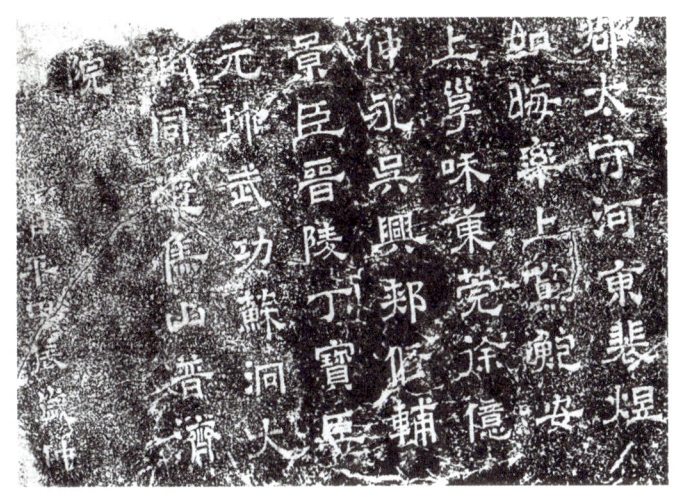

苏洞题名石刻

苏洞，字召叟，有《泠然斋集》20卷。从陆游学诗，与之唱和者有辛弃疾、刘过、姜夔、葛天民等，皆一时名士。他更被人提及的身份是苏颂的四世孙。苏颂是历史上著名的科学家，祖籍泉州，父苏绅死后葬润州，遂迁居镇江。北宋仁宗庆历二年（1042）进士，官至宰相，后告老还乡，回到镇江。建中靖国元年（1101）五月庚辰无疾而终，享年82岁，葬丹徒五洲山。他的去世朝野震动，徽宗为其辍朝二日，并追赠司空。

同游的另外几人，裴煜字如晦，河东人，知润州军事；丁宝臣，字元珍，晋陵（今江苏武进）人。治平是宋英宗年号，"治平甲辰"为1064年。这块石刻还清楚地印证了《焦山志》记载的北宋时焦山定慧寺叫"普济院"的史实。此刻书法方整古朴，是焦山摩崖石刻中唯一一方北宋隶书作品。

2. 宋陈安民等题记

楷书，刻于宋哲宗绍圣三年（1096）。全文为：

陈安民子惠、曹宣符德辅、章授敬时、吕升卿明父，绍圣三年三月二十三日冒雨至焦山，食已雨霁，遂跻绝顶，四顾无碍，至者咸适。

此刻未说明书家何人，但其用笔险劲，章法疏朗，结体瘦长，中宫紧缩，空灵隽秀，如玉树临风，深得唐代大书家欧阳询之神韵。这几人中吕升卿是当时有名的书法家。吕升卿,字明父,泉州晋江人,曾任察访使。全文50字,但人物、时间、天气、事件等要素的叙述非常完整,冒雨到焦山,吃过饭天晴登顶,"四顾无碍",自然心旷神怡。文短而精,显示了古人深厚的文字驾驭能力。

宋陈安民等题记

3.洪亮吉题名

位于巨公崖,刻于嘉庆七年(1802)。全文为:

巨公崖。巨公住持此山者十五年,今岁抉剔沙石复得此崖,即土人所云罗汉洞也。余适与缪徵君镔、于徵君宗林、张学仁、卞萃文、王豫三文学暨及门于渊避暑崖下,以其名不雅,爰易之曰:巨公崖。并与同人赋诗绘图,以志一时胜事。崖正面翠屏洲,他日桃花盛开,尚当携腊屐过此,一揽其胜耳。时迟达英诗僧不至,因放舟荚湾精舍访之。时嘉庆七年,岁在壬戌六月十二日。阳湖洪亮吉记。

洪亮吉题名

洪亮吉题记

这段文字极具史料价值，说明了巨公崖的来历。巨公崖就是历史上的罗汉崖，因"其名不雅"而"易之"。巨公，即焦山清恒禅师，字巨超，别号借庵，浙江海宁陈氏子。乾隆五十二年（1787）继清镜任定慧寺住持。精程朱之学，工诗古文辞，性甘淡泊，与仪征阮元、阳湖洪亮吉、丹徒王豫为莫逆之交。道光十五年（1835）圆寂，世寿80岁，塔藏五洲山。圆寂后3年，其徒觉铨将禅师遗诗刊成《借庵诗钞》12卷行世。光绪三十年（1904），宜兴陈任响编撰《焦山六上人诗集》，其遗诗亦入集中。洪亮吉等人此次游焦山之际，正值清恒禅师任住持第15个年头。

洪亮吉，字稚存，号北江，又号更生居士，阳湖（今常州武进）人，清代有名的经学家、文学家。乾隆进士，曾任翰林院编修、贵州学政。嘉庆四年（1799）因言事获罪，流放伊犁，释放回籍后撰述至终。从这方题刻也可以看出，全文清新恬淡，流露出归隐山林后寄情山水的惬意。书法风格清秀润泽、柔中有刚，行笔流畅自然。

4. 梁章钜等题名

楷书，刻于道光九年（1829）。全文为：

江苏布政使司长乐梁章钜、镇江守归安赵光禄、丹徒令吴浚，因公过焦山，同观周南仲鼎、西汉定陶鼎于海云楼。道光九年春正月。

梁章钜，字闳中，又字茝林，福建长乐人。嘉庆七年（1802）进士。他是颇有建树的政治家，是第一个向朝廷提出以"收香港为首务"的督抚，积极配合林则徐，是坚定的抗英禁烟派人物，政绩突出，深受百姓拥戴。他勤于著述，卷帙浩繁，内容题材极其丰富，在楹联创作、研究方面贡献极大，被推为楹联学开山之祖。梁章钜在江苏为官多年，先后担任过江苏布政使司、江苏巡抚兼署两江总督等要职，还为焦山留下了一副著名的取意《瘗鹤铭》的楹联："山中鹤寿不知纪，世上诗声早似雷。"

作为江苏布政使司的梁章钜与镇江太守赵光禄、丹徒县令吴浚"因公过焦山"，还在海云楼看了属于定慧寺"镇山四宝"中的两个古鼎：周鼎原为明代乡宦魏氏家藏，后被严嵩所夺。嵩败，鼎流落江南民家，×××惧生事端，送藏于焦山寺；西汉定陶鼎则是嘉庆七年（1802）时，由后被尊为"三朝阁老"的阮元所赠，与周鼎相配。

文中提到的赵光禄，时任镇江知府，浮玉崖还有他的另外一块题名石刻，全文是："道光十年，岁在庚寅三月初六日，归安赵光禄，丹徒严学、杨铸，歙程恩泽同游焦山。恩泽题。"

江蘇布政使司長樂梁章鉅鎮江守歸安趙公過焦山丹徒令吳溎因公過焦山同觀周甫仲彝西漢定陶鼎拓於海雲樓道光九年春正月

梁章鉅題名

5. 王瓘等题名

篆书，刻于宣统元年（1909）。全文为：

铜梁王瓘、闽县王仁东、蒙古松犀、江州黎经诰、海丰吴荫、南皮张彬、临川李瑞清、南陵徐乃昌、福山王崇烈、卢江刘体乾。宣统元年六月二日同游，王瓘书之。

王瓘，字孝玉，重庆铜梁人，由举人官江苏道员。清末民初书画家，工篆隶，精鉴别，富收藏，光绪时以金石、

王瓘等题名

清末老照片 1

清末老照片 2

书法名于时,小篆兼有邓石如、赵之谦、杨沂孙诸家之长。此方石刻用笔掺有北碑之法,结体以修长取势,是王瓘篆书的传世作品,也是焦山摩崖的篆书精品。

6. 李根源题书

隶书,刻于民国十五年(1926)。全文如下:

民国十五年八月三十日,偕冷御秋、陆小波、胡建春、陈绍五、马贡芳、卢润州来游金焦。腾冲李根源题书。

李根源,字印泉、养溪、雪生,云南腾冲人,近代名士,中国国民党元老。早年留学日本,加入同盟会。回国后任云南讲武堂监督,后升总办。辛亥革命时,李根源参与策划云南起义,任军政府军政总长、参议院议长,后追

李根源题书

李根源题书石刻

随孙中山讨袁。民国五年（1916）参加护法战争，任驻粤滇军总司令、广州卫司令等职。民国十一年（1922）后，任北京政府航空督办、农商总长。民国十五年（1926）应冷御秋邀请来镇，在参观伯先公园、拜谒赵伯先像后，由冷御秋、马贡芳、陆小波等陪同，共游金山、焦山。稍微了解一下近代史，即可知这些陪同者既是镇江乡贤，也是一代名流、革命元老。

（三）题诗抒怀

清中期以前，以题名刻为主，少有题诗石刻。清后期国势渐衰，外侮纷至，题诗抒怀类的石刻也就渐渐多了起来。

1. 彭玉麟自书七绝诗

刻于浮玉岩。全文为：

> 红羊劫火已全销，惟有焦山土不焦。
> 最好云林看北固，绝佳风景忆南朝。
> 六瀞瞩书旈壁。庚辰秋，彭玉麟。

彭玉麟，字雪琴，湖南衡阳人。咸丰三年（1853）佐曾国藩创建水师，后任水师提督。同治四年（1865）三月，彭玉麟曾陪同曾国藩访焦山。同治十三年（1874），为御敌入侵，他奉命进驻焦山督造焦山炮台。后任兵部尚书，受命赴广东办理防务，以疾告归。彭玉麟在焦山与僧人相处融洽，捐建藏经楼、文昌阁，焦山僧人感恩，在其逝后

彭玉麟书

建立了彭公祠。"惟有焦山土不焦",说的是太平军所到之处,寺院被焚,文化被毁,唯有焦山了禅师周旋下,寺院得以基本保存。六瀞是当时焦山自然庵住持,工书并善画山水。

2. 清陆润庠寄越尘诗

楷书,刻于 1899 年。全文为:

坐隐茅庵愿未偿,十年归梦绕江乡。
鼎铭佶屈思周汉,崖刻迷离记宋唐。
帝里风光多阅历,海天云影入微茫。
丹青绘就劳相寄,珍重旃檀一瓣香。

陆润庠题诗

陆润庠寄越尘诗

不到焦山十载矣，山僧越尘以所绘山水大幅及手拓二鼎、摩崖诸题名见贻，赋诗为谢。乙亥九月陆润庠。

陆润庠，字凤石，同治状元，授编修。光绪间授礼部侍郎，署工部尚书。宣统元年任东阁大学士。辛亥革命后，溥仪师事之。善书法，史评其书清华朗润，意近欧、虞二家，但馆阁之气较重。从诗文看，身居高位的陆润庠有着怀念前朝风光的落寞，但总体上还未脱士大夫的雅趣，所记更多的还是丹青之事。

3. 清窦镇山焦山怀古诗题

楷书，刻于1904年。全文为：

> 绝顶登临得大观，江山休作画图看。
> 焦圌险要屯包港，元宋兴亡战夹滩。
> 世乱遁名高隐易，时危固围将才难。
> 古今成败分明在，对此茫茫感百端。

焦山怀古。光绪廿九年夏五，河内窦镇山。

窦镇山，字甸膏，自号戎马书生，河内人。以诸生从军积功，官知县。有《心壶雅集》。书学赵之谦，圆熟流丽，浑厚端庄。此时清王朝已是摇摇欲坠，作为基层官吏的窦镇山自然对乱世的迷惘与忧思更甚，来到焦山看到的也是古今战事，感到的是百端茫茫，无心书画之事了。

窦镇山《焦山怀古》　　　　　窦镇山《焦山怀古》诗题

4. 康有为题记

位于巨公崖，刻于民国七年（1918）。全文为：

戊午四月，康有为四游焦山，烽火遍地弥欧亚，吾经劫后，乃与陈默偃息林石也。

康有为，广东省南海县（今南海区）人，中国近代鼎鼎大名之人物，是清末民初重要的政治家、思想家、教育家，资产阶级改良主义的代表人物。他主导的公车上书、戊戌变法等都是中国历史上的重要事件。同时，他也是一名著名的书法家。北京大学教授陈玉龙曾评价说："综观

20世纪中国书坛,真正凭深厚书法功力胜出,达力可扛鼎境界者,要数康有为、于右任、李志敏、沙孟海等几人。"康有为大力推崇汉魏六朝碑学,对碑派书法的兴盛有着极其深远的影响。晚年的康有为与镇江渊源极深,尤其他将母亲、弟弟及爱妾之墓安置在茅山,忌日和清明时节,常到茅山来祭扫。"书法之山"焦山也是他常来之处,并常在焦山书藏看书,留有长篇题词。他认为焦山书藏是国内最好的书藏,焦山寺庵也收藏有多幅康有为的书法作品。观此方石刻,既能体会到书法韵味,也能体味出其时康有为心中之落寞。

康有为题记

5. 吴迈题书

楷书，刻于民国十九年（1930）。全文为：

为废不平约，呼号遍神州。
来此暂偃息，行作世界游。

民国十九年，全国律师协会执委兼宣传主任江西余江良翰吴迈书。

吴迈，江西人，1928年被选亲用体师协会宣传主张，积极宣传抗日救国，足迹遍布东南亚，有"吴大炮"和"火镖律师"之称，后被暗杀。

吴迈石刻　　　　吴迈题书

（四）大字石刻

在焦山摩崖100多方石刻中，大字并不是很多，不妨也集中一处，大致以时间为序，作些简要介绍。

"云壑"2字，位于栈道中部洞壑右侧，楷书，原为苔藓覆盖，1991年整治山体滑坡时，经抉剔始见。作者吴琚，前文已有介绍，为北宋皇亲国戚的书法家，先临钟繇、王羲之，后又师从米芾，并达到较高的水准。其书法内敛，大字极工，落笔沉雄，结构舒畅，八方呼应，稍运即止，灵动清秀，达到了很高的境界。更广为人知的是：镇江北固山上"天下第一江山"大字，原亦为吴琚所书。

"浮玉"2字，楷书，字径60厘米，是难得的楷书大字。焦山又名浮玉山，"浮玉"二字比较传神地反映出焦山的景观特色。作者赵孟奎，号春谷，南宋人，善于画，精于书，

"云壑"

官至秘书阁修撰。书法结体丰腴，布局匀称严谨。

"独往生"3字，刻于浮玉崖，隶书。独往生，生卒年月及生平不详。卢见曾《焦山志》载，"独往生未详何人，明曾清有《妙高台同独往生夜坐诗》"，可见是明代人。此题笔致古朴浑厚而富于变化，结体平衡俊俏。虽字数不多，却为明代隶书之佼佼者，

"浮玉"

"独往生"石刻

"独往生"

与汉代名碑《华山庙碑》《史晨碑》风格相近。

"石屏"2字，楷书，在浮玉岩南侧石屏崖壁之间。该岩沿山麓单体延伸至江中，似青螺屏障，故名。作者吴说，字傅朋，号练塘，宋钱塘（今浙江杭州）人。官信州守。工书，善小楷书、匾额等。"石屏"二字结密古朴，有汉魏遗风。

"鹤山"2字，行书，刻于巨公崖。鹤山，为自然庵住持，来人访其未见，遂书此二字，后镌刻于岩壁。此二字右侧有《清陈任旸为鹤山题识》，对此二字石刻作了介绍。内容是："鹤山非焦山，乃自然庵主持僧也，僧名曷，为镌于山，因洪海如访此公不得见，书而镌之，将与山并垂千古也。同治十二年八月朔宜兴陈任旸识。"陈任旸，字寅谷，宜兴诸生，流寓焦山40年，同治间曾在两江总督府做幕僚，综理焦山救生局。工书善画，著有《京口三山志》，为镇江的重要方志之一。这里也有一个谜题：观此二字修补描漆的落款，为"黄海洪书"，但"书"

"鹤山"石刻

字有明显的空白和字迹，隐约可辨为"福"字。结合陈任旸题识，初步可判断书者姓洪，名福，字海如，黄海人。

"松鹤精神"

"松鹤精神"石刻，位于巨公崖，并有落款文字："民国五年秋，奉檄驻防京口，偕同人游览焦山，见松岩鹤舞，天机活泼，洵奇观也。书此以作纪念。东鲁寿臣周蕴辉。"周蕴辉，山东人，直系军阀冯国璋部，民国五年（1916）驻防镇江。焦山摩崖还有他的2处大字：一处也在巨公崖，为"江流天地外，山色有无中"，"民国七年"刻；另一处在浮玉崖，为"尚古风"3字，"民国五年"刻。

另外，还有一方民国大字石刻在巨公崖，为"佛海流经"，书者为"丹徒雪峰纪盛耀"。

"尚古风"

"佛海流经"

第五章　碑林馆藏品菁华

焦山碑林展出碑刻共400余方，数量众多且精品迭出，研究也亟待进一步深入，因此几乎无论以怎样的方式进行介绍，都难免有挂一漏万的遗珠之憾。现循常例，将400余方碑刻大致划分成史料和书法艺术两大类，择其要者作些简略介绍。但实际上这两类之间并没有严格的界限，很多史料类碑刻在书法艺术上也有相当高的水准，而许多书法艺术类的碑刻其内容也有很高的史料价值，作此区分仅为叙述之便而已。

一、史料类

（一）初唐妙品《魏法师碑》

进入焦山碑林大门，过照壁，左转即进入第一展室，你一定会被展室正中呈放着的一方高达2.42米、宽0.87米的巨碑所吸引，它就是《魏法师碑》，全称《大唐润州仁静观魏法师碑》。此碑虽历经千年风霜，但刻文清晰，碑冠石龟也保存得十分完好。

《魏法师碑》是一块极其少见的初唐巨碑，立于唐仪凤二年（677）十一月十五日。道教在唐代得到皇家的扶持和崇奉，唐朝皇帝姓李，道教追尊的教祖老子李耳也姓李，朝廷因此依托附会。从这块碑的规格来看，魏法师是按照唐葬制"五品以上为螭首龟趺"进行的，碑首呈半圆形，刻有螭龙4条，互相缠绕。上有一个圆孔为"碑穿"。碑后阴刻功德碑上有644人，可见当时葬礼之隆、规格之高。

正面碑文为楷字书写，计33行，满行75字，全文约2500字，为中书右史兼崇文铭学士安定胡𧦬宾撰，清河张德言书。碑文记载了魏法师出家修道、得道，以及受到唐君王赏识的过程，既完整地记录了魏法师的人生历程，也深刻地反映了唐代初期政教关系的状况。元《至顺镇江志》对魏法师生平及此碑也有明确记载。魏法师，名降，字道崇，任城（今山东济宁）人，"幼即慕道"，"甫及冠年"在茅山出家，拜茅山法师徐昂为师。贞观九年（635）被召入京，受到唐太宗赏识，"嘉而悦之"，配居谯山（今镇江圌山）仁静观。唐高宗总章二年（669），他又受到天后武则天恩赐，"赐山水纳帔一缘"，"悠悠往初，未之有也"，由此可见他与皇朝关系之密切。上元三年（676）六月六日，魏法师溘然仙化，终年82岁。六月十三日，有近万人"哀送"。

《魏法师碑》

魏法师以老子、庄子为师范，既不出世，也不入世，亦道亦政，活跃在唐代朝野显贵之间，成为显赫一时的道门领袖。地方官吏也多争相与之交往，如润州刺史"范阳公卢承庆，武涉公李厚德"以及"驸马都尉乔师望"等皆"闻风致礼，披云投谒"。

《魏法师碑》曾长期沉湮，不为人知。直到清光绪年间镇江知府王仁堪发现后以为至宝，拓寄京城，金石家、藏书家叶昌炽赞为"初唐妙品"，辑入《江苏金石志》。或许正是因为长期沉湮，躲过了代代浩劫，成为江苏现存为数不多的初唐碑刻之一，也是初唐道教名碑中的幸存者。同时期的《孟法师碑》《王洪范碑》等都只留下书迹而名存碑亡。如此珍品，无怪乎能独自尊享一室，也与《瘗鹤铭》一起，被并称为焦山碑林"镇馆之宝"。

镇江吴宗海、裴伟两位学者经过努力，对碑文进行了系统的校勘、断句（《鹤铭2011》，江苏大学出版社），总体来看不失为一篇文辞优美的骈体散文，可以一读。由于字数过多，篇幅所限，此处不予移录。

（二）《禹迹图》

出第一展室，对面第二展室就是唐宋碑刻室。展室中央有5方用玻璃罩保护的碑刻，其中正中间最大的一方尤为特殊，是一幅地图——《禹迹图》。宋代是我国科技文化史上的一大高潮时期，很多科技都处在世界的前列，世界最古老的用网格符号表现比例的地图《禹迹图》就是其中之一。目前，我国仅存宋代《禹迹图》石刻地图2块，一块藏于西安碑林，另外一块就在镇江。

镇江宋刻《禹迹图》原立于镇江文庙大成殿墙上，用青色石灰岩石刻成，全石近方形，碑高94.4厘米、宽88.4厘米、厚11厘米，左下方残缺一角，但地图完

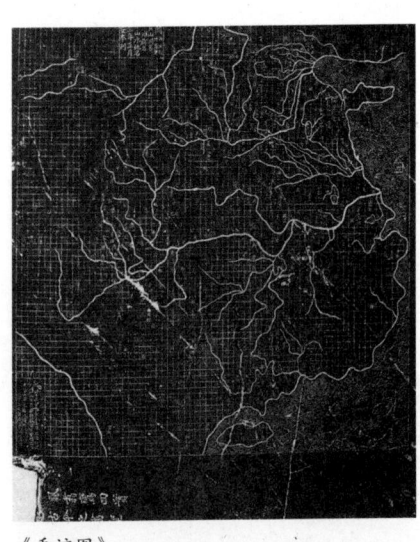

《禹迹图》

整无缺。全图把《尚书·禹贡篇》所述的名山大川和古今州郡名，全部按比例绘制到了一张地图上。据图中所绘来看，尚保存有部分唐代地名，可推知是根据贾耽《海内华夷图》中《禹贡》九州部分缩制，因而称为《禹迹图》。此图基本包括了我国古代九州的全貌，完整反映了我国各主要水系的流经区域。地图方向为上北下南，东至黄海岸边，南至海南岛，西到祁连山，北至黄河北沿。图内以符号和文字相配合，刻有主要的山水及州郡的形势和位置。其中以自然弯曲、粗细不等的线条表示河流，用闭合曲线表示湖泊，用波纹表示海洋，用文字标出名称。整个图面上浅刻横竖直线交叉组成的相等方格，方格边长1.1厘米。全图所绘内容十分丰富，有横格71个、竖格73个，计刻有5183个方格。行政区名有380个，标注名称的河流近80条，标名的山有70多座，标名的湖泊有5个。

　　图首方框内有说明文字："《禹迹图》，每方折地百里，禹贡山川名，古今州郡名，古今山水名，元符三年正月依长安本刊。"图内收录有宋代京府4个、次府11个、州328个、军23处，合计366个；收录山53座、水64条、古地名10处，合计127个。另外收录与辽、西夏、大理等国接壤的唐代至宋初建置的府1个、州58个、军1个、山7座、水13条、古地名9个。图内每方折地百里，指图上每方格边长代表100里路程，类似今天的地图比例尺。

　　《禹迹图》在我国古代科技史上有三方面成就：一是

全图采用方格坐标绘图法，这是唐宋以来地图中见到的唯一一例，这种绘图法把地图的精确程度和表现能力提升到了前所未有的高度；二是具有现代地图的特质，其中所绘的海岸线已经接近近代地图的轮廓，尤其山东半岛与实际的半岛形状几乎没有差别；三是对长江源头的认识大大提高。《禹迹图》一方面依据《禹贡》"岷山导江"的说法，在图示的岷山上端标注"大江源"字样；另一方面在长江上游另绘出一条与长江正源金沙江走向大体一致的河流，这是以前的地图中没有过的。900多年前，在没有现代交通条件和现代测绘仪器设备的条件下，我们的先人是如何做到的呢？世界著名的中国古代科技史专家、英国李约瑟博士在《中国科学技术史·地学》中说：《禹迹图》"在当时是世界上最杰出的地图""是宋代制图学家的一项最大的成就""无论是谁把这幅地图拿来和同时代的欧洲宗教寰宇图比较一下，都会由于中国地理当时大大超过西方制图学而感到惊讶"。

在图的左下角方形框内刻有立石时的跋文："绍兴十二年十一月十五日，左迪功郎充镇江府府学教授俞篪重校立石，冯遂镌。"镇江志书记载，镇江府学始于宋太平兴国八年（983），以后遭火灾，绍兴十二年（1142）正是镇江府学重建时期。在重建时，俞篪将原有的《禹迹图》重新校对、摹刻、立石，流传至今。

关于镇江《禹迹图》的作者，有研究专家从宋代区划变化和成图时间研究，推断是沈括。著名历史地理专家葛剑雄在《中国古代的地图测绘》一书中，经过图形比对，认为《禹迹图》很可能是沈括《守令图》的一幅小图。沈括是北宋大科学家，在许多科技方面都有杰出成就。他长期从事地理科学研究和地图测绘实践，一生绘制的地图近百幅。熙宁九年（1076），沈括在任三司使时奉敕编《天下州县图》，到元祐二年（1087）完成，编成地图20幅，其中大图1幅、小图19幅。《禹迹图》有可能是这20幅地图之一。元丰三年（1080）后，沈括曾任陕西延州（今延安）知府，将绘成的《禹迹图》在长安刻石也是可能的。1088年，沈括定居镇江，建梦溪园，写下了被称为"世界11世纪坐标"的巨著《梦溪笔谈》。在此期间他把长安刻石副本交镇江府学保存，并在元符三年（1100）刻石也属顺理成章。

（三）李德裕重瘗舍利题记

此方碑刻也在第二展室，用玻璃罩进行了保护。首先将这方碑记的内容移录如下：

有唐大和三年己酉岁正月廿四日乙巳，于上元县禅众寺旧塔基下获舍利石函，以其年二月十五日乙丑，重瘗藏于丹徒县甘露寺东塔下。金棺一，银椁一，锦绣襆九重，皆余之施也。余长庆壬寅岁，穆宗皇帝擢自宪台，廉于泽国，星霜入稔，祗事三朝，永怀旧恩，殁齿难报。创甘露宝刹重瘗舍利，所以资穆皇之冥福也。浙江西道观察等使、银青光禄大夫、检校礼部尚书兼润州刺史御史大夫李德裕记。

长干寺舍利在东函，禅众寺舍利在西函。

明显地碑文记载的事情是李德裕将上元县禅众寺、长干寺的舍利重新瘗藏在了镇江甘露寺东塔下。李德裕是唐中期一代名相，宋代史学家叶梦得称之为"唐中世第一等人物"。他在润州刺史和宰相的位置上三上三下，前后在镇江任职10年，与镇江渊源极深。他为何要将上元县两寺的舍利移藏至甘露寺呢？碑刻中说是"资穆皇之冥福"，更深刻的原因却未必在此。在瘗藏舍利石函的函盖、函底分别还刻有李德裕的亲笔记录，其中大石函底有这样几行字：

上元县长干寺阿育王塔舍利二十一粒，缘寺久荒废，以长庆甲辰岁十一月甲子移置建初寺，分十一粒置北固，依长干旧制造石塔，永护城镇与此山俱。

将这两段题记对照起来看就非常明白了，他将禅众寺的舍利移来甘露寺的同时，还将"长干寺阿育王塔舍利二十一粒"中的十一粒分置北固，依照旧制造石塔，以求"永护城镇与此山俱"。要理解李德裕的这个做法，得回到历史原点去寻找原因。

这里的"上元县"其实就是南京。公元589年，隋灭陈，金陵也结束了六朝以来300多年作为都城和江南政治、经济中心的历史。为摧毁金陵王气，隋王朝除了捣毁金陵的帝王建筑外，还将六朝建康的京畿八县尽行省并，归为江宁一县，统于蒋州，治所设在石头城。王气十足的六朝名都金陵，一时间可谓繁华尽失。唐代继续实行对金陵的压制政策，除短暂时间为州治外，很长时间都设为县一级行政区，名称先后为"江宁县""归化县""白下县"等，属润州管辖。唐肃宗上元二年（761），江宁县更名上元县，仍属润州。直到120多年后的唐僖宗光启三年（887），上元县升州治。也就是说，作为江南第一重镇、六朝古都的金陵，在隋唐时期受到刻意贬抑，大部分时间是作为一个县受润州府管辖的，所以在有关镇江的许多唐诗中，都是以金陵来代称镇江的，如著名的张祜《题金陵渡》："金陵津渡小山楼，一宿行人自可愁。潮落夜江斜月里，两三星火是瓜洲。"其中金陵渡指的就是镇江西津渡。由此，我们回头看李德裕在甘露寺建塔瘗藏舍利的举动以及"永护城镇与此山俱"的愿望，就容易理解了。

东吴时期建立的建初寺是江南最早的寺院。建安十六年（211），孙权将治所从京口（今镇江）迁往秣陵（今南京）。据《金陵梵刹志》载：吴赤乌年间，有西域康居国异僧，领徒至长干里，结茅行道，能致如来舍利并布经结缘，善男信女，趋之若狂。孙权乃为之置建初寺及阿育王塔以供奉佛舍利、佛爪、佛螺髻发，遂为江南地面寺塔之始。南朝梁武帝萧衍天监年间，建初寺寺名改成长干寺，在圮址重新修复寺院，建造九级阿育王塔。宋真宗时改名天禧寺，元末寺毁。明永乐十年（1412），朱棣在天禧寺址建大报恩寺。

2008年，考古人员在南京大报恩寺遗址发现宋代长干寺地宫，发掘出了世界唯一的释迦牟尼真身头顶骨舍利，震惊世界。是年7月，考古人员又在始建于明代的南京大报恩寺遗址发现了宋代长干寺地宫，从地宫中发掘出一座鎏金七宝阿育王塔。塔高110厘米、宽40厘米，是目前世界上最大规模的阿育王塔。塔身内供奉有2套金棺银椁，地宫里的石碑明确记载，其内有"佛顶真骨""感应舍利10颗"等佛教稀世圣物。随后，在阿育王塔的银椁中发现了10颗感应舍利，在金棺中发现了释迦牟尼真身头顶骨舍利。佛祖真身头顶骨舍利记载明确，10颗感应舍利的来处却没有记载，而这在李德裕这块碑里得到了答案。舍利传承有序，是为幸事。

（四）乾隆御碑

乾隆皇帝六下江南、八上焦山，每至一景必作诗纪胜。他在焦山共作诗34首、撰联7幅、题匾9方、作文1篇，亲笔书写、临摹书法数幅，并且许多诗、画、临摹墨迹被刻石流传，也就是所谓乾隆御碑。这其中规模最大、刻工最精美的是焦山碑林御碑亭中所立的一块御碑。

从第二展室出，顺路过"翰墨流芳"拱门，乾隆御碑亭就迎面扑入眼帘。御碑亭系一四方亭，攒尖顶，檐梁下有斗拱，檐柱上木枋下置镂空花格窗楣，亭内中置乾隆御碑。这块御碑以整石雕成，高2.43米、宽3.44米、厚0.6米，四周及底座镌刻九龙云水纹浮雕，其规模之大、刻工之精湛，在整个江南地区都很少见。御碑朝西的正面，刻的是乾隆四十五年（1780）他第五次南巡时作的《自金山放舟焦山五叠苏轼韵》，全诗如下：

舆情望幸酬深耽，用是五举巡江南。
金焦两点矗波翠，何异前三与后三。
路便聊以驻信宿，要因省方观田蚕。
悬华结彩称祝颂，何德被民增作惭。
昨者浮玉憩山馆，今朝顺流漾江潭。
西以屋胜东树胜，敷叶吐蕊春未酣。
未酣之意胜酣矣，即斯三胜谁能谈。
侵寻焦亦有建置，庄严定慧辉珠龛。
那更峰顶事点缀，譬之食蔗穷其甘。
东坡艰韵忽五叠，虽曰逸兴宁非贪。
黄头桂楫候已久，清赏既适归亦堪。
佳处无须重系恋，倩闲云为封岩庵。

御碑朝东的背面刻的是乾隆二十七年（1762）他第三

乾隆御碑《自金山放舟焦山五叠苏轼韵》

次南巡时所作的《游焦山作歌三叠旧韵》：

> 既是名山那无屋，譬人盎背必有腹。
> 头陀应弟焦先兄，如气相求相应声。
> 东西双峰秀拔水，在此日此彼日彼。
> 其实一脉地根连，何有于行暨夫止。
> 知之而复云来游，斯则邻非弗邻是。
> 春和日丽正良辰，山僧速客意甚勤。
> 轻舆减从试揽胜，不教缇骑呼纷纭。
> 罗汉岩傍得入路，瘗鹤崖畔寻遗文。
> 栈道步步入丛云，青玉岛俯江波蕴。

焦山碑林

御碑亭

由东而南渐夷旷,僧庵民舍相区分。
周览原未消半日,回舟两岸景吐吞。
江天一色远莫辨,断续钟声时尚闻。

乾隆皇帝是历史上留下诗作最多的人,达4万多首,且爱叠旧韵,如《自金山放舟焦山叠苏轼韵》就叠了六叠,《游焦山作歌三叠旧韵》也叠了三叠,常为人所诟病。这两首诗的内容是将金山、焦山作比较,最终也是和和稀泥,"东西双峰秀拔水,在此曰此彼曰彼。其实一脉地根连,何有于行暨夫止",属于"到哪座山上唱哪首歌",各得欢喜。

另外,在焦山顶、定慧寺天王殿、三诏洞下栈道旁也有乾隆御碑,在碑林御碑亭旁南廊陈列有乾隆第三次和第五次南巡时所作的《海门庵》诗,在碑林"瘗鹤铭厅"西碑廊陈列有乾隆临摹的《瘗鹤铭》,在碑林竹园北廊陈列有乾隆第四次南巡时画的梅花碑。

(五)馆藏墓志铭

墓志是中国古代石刻的重要表现形式,遗存数量众多,具有极其重要的文献价值,同时也是古代书法的重要组成部分,如《张玄墓志》就是书法家必临的碑帖。焦山碑林馆藏墓志铭不少,且内容丰富,主要陈列在第二展室和御碑亭北侧的第三展室。这些墓主多为镇江地区的当时名流、官吏和文人。铭文在记述墓主生平的同时也反映了当时社会、经济、文化等状况,具有较高的史料价值,其书法也与时代书风同步,反映了当时书法演变的痕迹。这些墓志主要集中在唐、宋、明三个朝代。现以朝代为序,略作介绍。

唐代国力强盛,文化繁荣,以楷书为代表的唐代书法成为中国书法发展史上的一个高峰。唐墓志数量较大,主要集中在中原河南、陕西一代,南方数量很少。焦山碑林所藏唐代墓志铭中,主要有《殷府君墓志铭》《唐故许赞墓志》《陇西李府君墓志》等。

《殷府君墓志铭》出土于镇江市区西南原磷肥厂内,志文1000多字,虽然局部漫漶,但因少浮文虚言,纪实性很强,比较完整地记述了墓主的宦海生涯。墓主是目前镇江出土的唐代墓志中官位最高的人,历经肃、代、德、顺、宪、穆宗各朝。碑文记述了他宦海生涯中的一些大事。如最初在楚州任录事参军,时"属州将有刚暴者,官既改而诏敕未至",欲"夺其管钥,公坚执固拒,几至危难,力虽莫敌,竟不能屈"。在任殿中侍御史时,曾因奉宪宗命详复一冤案,"旋为邪佞所惮",被贬黜为县令,其时县内"乡村闾里,社保官正,伺察之吏竟逾千数,与氓相半为弊。日久,公省去什七八"。后"帝恩良牧,公应其选,拜申州刺史"。在此之前,申州曾为吴少诚父子藩镇势力割据数十年,殷到任后,即"毁逆贼吴少诚伪祠,建先师文庙",使"污俗惟新,人心骤革"。殷府君后期曾任都官员外郎、转运判官等职,又迁金州刺史及明州刺史,宝历元年（825）"终于任内"，死后"遗命丧葬从俭，无受公府赠赙"。从这些记述可以看出，殷府君一生算得上廉洁奉公、政绩斐然，此碑文也为其任职之地留下了珍贵的史料，对研究唐代官制多有裨益。从书法艺术角度看，此碑唐楷书写、竖成行、横无列，因字赋形，布局和谐得当，笔意深稳老道。

《唐故许赞墓志》亦为楷书，字体舒展秀丽，结字工整，遒劲有致，筋骨强健，法度谨严，且古意犹存，可见魏碑向唐楷过渡的遗韵。许赞，字执中，其曾祖为丹徒人，祖、父皆为遁隐高尚之士，卒于大中六年（852）。志文由会稽钟离衮撰写，出土于镇江市区西南李家大山。《陇西李府君墓志》则镌刻于唐咸通四年（863），由乡贡进士马郁撰书。

宋代墓志铭主要有《李叔子墓志铭》《章公墓志》《李府君墓志》等。其中最大的碑是《李叔子墓志铭》，高1.32米。李叔子，天水人氏，先祖迁至京口。9岁时，母亲改嫁"保信军节度使张公威"。继父张威是"西边名将"，《宋史》有传。"威初在行伍，以勇见称，进充偏神，每战辄克，金人闻其名畏惮之。临阵战酣，则精采愈奋，两眼皆赤，时号'张红眼'。"嘉定十二年（1219），金人大举南侵，攻破大安军，四川制置使董居谊弃职逃走，都统张威起而迎战，大败金军。李叔子受张威的影响很大，其才识智略亦为张威所器重。墓志载，李叔子在年轻时多次参

焦山碑林

《李叔子墓志铭》

加抗金战斗,并"善战得官,屡经行阵,名冠诸军"。端平元年(1234)蒙古灭金后,又不断南侵。嘉熙二年(1238)大举南下,李叔子"复淮安,定高沙","兼守浮光、淮安",受到"军民爱戴"。当蒙古军兵围长江岸边的真州时,朝廷急命李守仪真,"增牌浚壕,凡战御所需,知无不为,虏知真(仪真)有备,不敢直至城下"。与此同时,镇江知府吴潜也组织民兵夜渡长江,攻劫蒙军营寨,蒙古军只好北还。淳祐元年(1241),真州再次告急,"朝廷霄时忧,诏还公","公不悼勤劳为备"。真州"隐然有金汤势,虏尝六人,公亲率所部者挫其降于东门,虏马死无数"。经过反复激烈的拉锯战,终于获得胜利。李叔子在战斗中负伤,"数乞寻医",不久"卒于仪真任所",年仅45岁,"葬于镇江府西津一山之原",即今牌湾狮子山北麓。该志由其门下潘大亨撰文,子李应龙书丹。

《章公墓志》有碑有盖,盖篆书,志楷书,存1300余字,刻于熙宁四年(1071)。书法用笔饱满,结构宽绰方正、端庄平稳,刻工亦干净利落。志文记述了章岷的行状及为吏之能。章岷,字镇伯,浦城人,徙润州。天圣进士,有诗名。官两浙转运使,后知苏州,有惠政,官终光禄卿。性刚介豪放,殁葬润州鹤林山长乐乡。《李府君墓志》由歙州休宁县尉郭三益撰文,复州思礼参军丁权书丹。李府君,名彬,字文叔,为溧阳大姓望族之家,平生信佛好客,声名远播。

明代墓志铭主要有《屋舟钱隐君墓志》《太学生两峰袁先生墓志》《南山杨公墓志》等。《屋舟钱隐君墓志》有志有盖，盖篆书，志楷书，刻于嘉靖十八年（1539）。礼部右侍郎费案撰文，太常寺少卿邹守益篆盖，国史经筵官罗洪先书丹，三人皆为当世名公巨卿。志文略述钱屋舟家世及生平。钱屋舟，名玉。世业医，钱塘武肃王之裔，官至殿前都检点，享年84岁，卒葬润州。《太学生两峰袁先生墓志》刻于嘉靖丙午年（1546），知杭州府事郡人严宽撰文，山东按察司副使郡人吕高篆盖，前翰林院庶吉士、吏兵二科都给事中郡人钱亮书丹。《南山杨公墓志》刻于嘉靖十九年（1540）孟冬，丹徒县学教谕乐平方登撰文，丹徒县学教事陈现篆盖，丹徒县学教事进贤赵堂书丹。杨公，名宇，字惟静，别号南山。

（六）地方史料碑刻

镇江是国家历史文化名城，文化底蕴深厚，文化遗存丰富，焦山碑林本身就是镇江文化遗存中的一颗明珠。焦山碑林收藏的碑刻中，有不少富含镇江地方文史资料价值。

这部分碑刻中，有关焦山的史料碑刻较为有名的如《清京口蒋氏焦岩书院记》行书，记录了焦山有书院的史实："太仆蒋亮天先生世居京江……建学舍于焦山之麓，凡若干楹，坚朴高爽……"焦山历来为读书之地，清朝京口笪重光未入官时，也曾"与同辈读书焦山"。官至宰相的镇江人张玉书在《焦山志序》中也说"余少读书山中"。清代名臣阮元倡导设立的焦山书藏曾名闻江南,最盛时藏书达5.9万余卷,可惜毁于近代战火。最有名的是郑板桥,中举后专到焦山别峰庵苦读一年,考取进士。焦山读书成为郑板桥命运的转折点,他在焦山留下了众多诗、联、画。现在焦山别峰庵辟有郑板桥读书处,书斋上刻有其联:"室雅何须大,花香不在多。"

前文我们说到焦山历史上多庵,焦山碑林也存有多方相关碑刻,如《移建玉峰庵记》《移建海门庵记》《重建圜悟庵记》等。另外,还有多方记录焦山其他事宜的碑刻,如《焦山观音岩记》《焦山如在楼记》《焦山佛学院代办教务训练班记》等。

焦山碑林有一部分碑刻来自南山鹤林寺古墨林,因而也有不少记录南山及鹤林寺历史信息的碑刻,如《鹤林寺石刻记》《鹤林寺重修大殿山门记》《鹤林十三松记》《鹤林寺福登诚禅师塔铭并序》等。其中最著名的是明《重修鹤林寺记》,碑高2.02米、宽1.05米,楷书。知丹徒县事富阳马帮良撰文,吏部尚书平湖滕光祖篆额。碑文较为详细地记述了鹤林寺的由来、兴衰始末,以及重建鹤林寺的缘起,十分珍贵。

另外还有多方富含镇江地方文化信息的碑刻。较早的如《元镇江路儒学复田记》《明镇江府儒学对山碑》等。清刻最多,有《重修丹徒县学碑记》《陶氏宗祠碑记》《捐

《重修鹤林寺记》

产兴学碑记》《京江北五省会馆纪略》《冬赈局观察记》《启善堂粥厂碑文》《重树米元章墓碑记》《京口创设义渡记》等。

二、书法艺术类

（一）《兰亭序》临本石刻

东晋永和九年（353）三月初三日，时任会稽内史的王羲之与友人谢安、孙绰等41人在会稽山阴兰亭雅集，饮酒赋诗。王羲之将这些诗赋辑成一集，并作序一篇，记

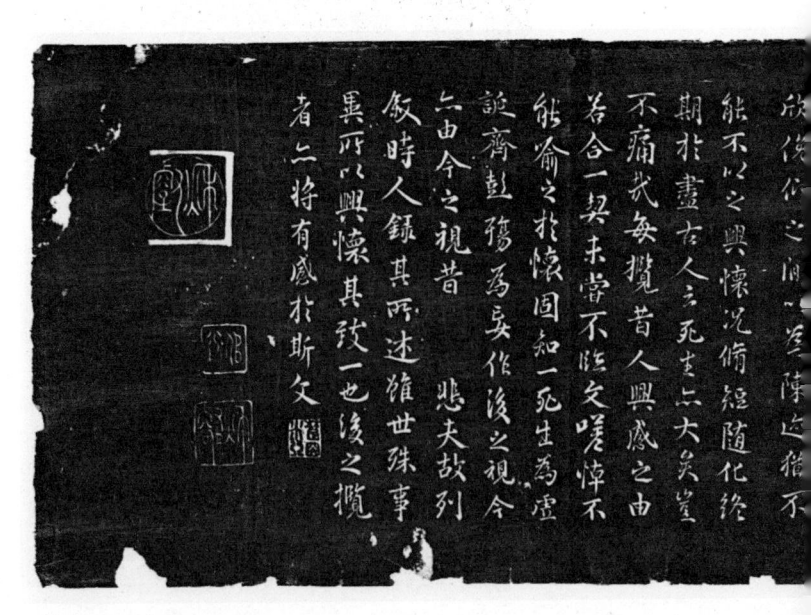

米芾临《兰亭》

述流觞曲水一事，并抒写由此而引发的内心感慨，这篇序文就是《兰亭序》。通篇遒媚飘逸，字字精妙，点画犹如舞蹈，如有神人相助而成，被书界奉为"天下第一行书"。后世但凡学习行书之人，无不赞叹王羲之出神入化的书法技艺、如水般流畅的文采，醉心其中，不能自拔。

　　在焦山碑林蜿蜒曲折的碑廊中，有一座半亭，亦称"兰亭"，亭中立着一方1米多高的碑刻，正面是一幅神采飞扬的《兰亭序》，临书之人米芾。碑阴刻有米芾临东汉张芝《八月帖》、王羲之《毒热帖》、王献之《鹅群帖》和

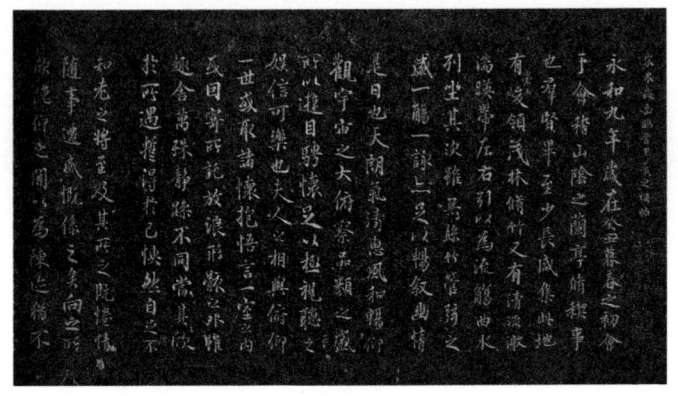

米芾临《兰亭》

米芾自书《醋库帖》。此石原收藏于归安(在今湖州)吴云"二百兰亭"斋,同治年间移置焦山。

米芾,前文已有过介绍,"宋四家"之一,篆、隶、楷、行、草诸体皆善。他尤其勤于临帖,自称"集古字",其临古功夫在书法史上最为人称绝,达到乱真的程度。有论者指出:米芾为人狂放,天地唯我,自成一体,但他以王羲之为师,对《兰亭序》有着极强的恭敬之心,因而在临写《兰亭序》时没有半点妄为,老实下笔,真诚施墨,可谓形神兼备,深得王字精髓。米芾此帖也成为后世重要的《兰亭》临本之一。帖后还有文徵明题跋,亦为此碑增辉不少。

在这里倒是想说一说米芾所谓"一洗二王恶札"的传说。说是米芾初见徽宗,"命书《周官》篇于御屏。书毕,掷笔于地,大言曰:'一洗二王恶札,照耀皇宋万古。'徽宗潜立于屏风后闻之,不觉步出纵观"。然而查《宋史·米芾本传》等,未见此记载。相反,更多的记载则显示了他对"二王"尤其是王羲之的高度推崇。他在《兰亭叙赞》中,盛赞王羲之这幅千古名字《兰亭集序》,并在结尾时说:"猗与元章,守之勿失。"传说他在真州(今仪征),谒蔡攸于舟中,见攸所藏右军(王羲之)墨迹,惊叹并求以其他画易之。攸意以为难,他攀船舷以投江相胁,攸遂与之。可见,为换王羲之墨迹,米芾几乎不要性命了。另外,我们前文也说到米芾书斋以"宝晋"命名,文集称《宝晋山林集》,可见米芾对以"二王"为代表的晋人书法的推崇。

碑阴四帖也大可一说。东汉张芝,擅章草,创今草,有"草圣"之称,与钟繇、王羲之和王献之并称"书中四贤"。可惜的是他并无墨迹传世至今,仅北宋《淳化阁帖》中收有他的《八月帖》等刻帖,也就有了米芾的临帖。"书圣"王羲之更不必再多言,不仅在书法史上占有至高的地位,还留下了"入木三分""东床快婿"等成语热词。米芾所临的王羲之《毒热帖》,入刻《淳化阁帖》《大观帖》《快雪堂帖》《澄清堂帖》等多部法帖。王羲之七子一女,在书法上皆有成就,其中以第七子王献之最为突出,与其父并称"二王"。《鹅群帖》为王献之所书翰札,亦为《淳化阁帖》收刻,历代书法名家多有临摹,米芾临本影响最大,相传米芾好友王诜还将其误为真迹收藏。米芾潜心魏晋,以晋人书风为指归,寻访了不少晋人法帖,连其书斋也取名为"宝晋斋"。《醋库帖》为米芾自书,更是尽显米氏书法跌宕跳跃的风姿、骏快飞扬的神气,亦为妙品。

王羲之"死忠粉"众多,唐太宗李世民就是其中之一。他对王羲之书法推崇备至,曾亲撰《晋书》中的《王羲之传论》,推颂为"尽善尽美"。他利用帝王之便,在天下广为搜罗王羲之作品,每每得一真迹,便视若珍宝,时时揣摹度之,体会其笔法意兴。领略其天然韵味之后,便珍藏身旁,唯恐失却。据传他以很不光彩的行为从辩才和尚处将《兰亭序》真迹收为己有,并敕令宫廷书法家冯承素等人钩摹数本,赏赐给皇太子及诸位王子和近臣。此外还令欧阳询、褚遂良、虞世南等名家临本传世。据传唐太宗死后,《兰亭序》随之殉葬,长眠于地下。真迹不见,《兰亭序》传世版本也就格外复杂。简而述之主要有:"冯承素摹本",因其帖心前后各有半个"神龙"印,据说是唐中宗李显的收藏章,世称"神龙本";"虞世南临本",后被皇帝钤以"天历之宝"印,又俗称"天历本";在北宋流行的"定武本",传为欧阳询临本,因传世刻石被定武(今河北定州市)太守宋景文收入公库而得名。另外还

"城市山林"碑

有"开皇本""玉枕本""颖上本""黄绢本"等。在焦山碑林兰亭两侧的碑廊中，还展有不少《兰亭》碑刻，如明刻《兰亭残碑》《开皇本兰亭》《程孟阳临兰亭》、清刻《定武兰亭跋》《俞森临兰亭》等，皆可作参照观摩。

焦山碑林还藏有一方米芾大字石刻"城市山林"。米芾居住镇江数十年，曾在南郊鹤林寺旁建造住宅，自题"城市山林"横额。原刻已佚，此刻系明崇祯十三年（1640）鹤林寺僧重刻，原置鹤林寺古墨林内，后移至焦山碑林。因出自米芾之手而又道尽镇江城市特色，从而被广泛用于城市的形象宣传。

（二）《澄鉴堂石刻》

赏毕《兰亭》，沿亭前竹径笔直向前，过券门，则又至一室，门楣匾额书"宝墨轩"，专室呈列的正是法帖石刻《澄鉴堂石刻》。《澄鉴堂石刻》是国内唯一把画上的题跋刻石成帖的碑刻，书法、石刻相得益彰，均是上乘精品。有些是作者留下的孤品墨迹，篆、隶、草、行、真五体俱备，风格各异，竞现风流，为临习和研究书法极珍贵的资料，其艺术与历史价值正越来越受到各界学者的重视。

《澄鉴堂石刻》得自清代江南河道总督张井。张井于道光八年（1828）得到宋代文同和苏轼所画的巨幅风竹画各一轴，画左右还有宋、元、明、清800年来74位名人的题咏墨迹。得此至宝，张井自是非常珍视，请无锡钱泳将这些书画双勾勒石保存。因文同与苏轼画的尺寸太大，难以上石，所以仅将所附历代名人题咏分刻在42块石上收藏。张井的书斋为"澄鉴堂"，所以后代将这批石刻称为《澄鉴堂石刻》。

文同和苏东坡既是四川同乡，又是表兄弟，在当时都以书画著称于世。文同是中国墨竹画的创始人之一，常以篆书笔法作竹竿，以隶书笔法作竹叶，素有"文同写竹如写帖"的说法。宋熙宁五年（1072），湖州知府孙觉与苏东坡相遇，向苏东坡出示收藏的文同巨幅风竹，请苏东坡也作一幅风竹。苏东坡当即挥毫，倏忽而成，并作长题13行，同时还在文同墨竹上作百余字题记。孙觉如获至宝，将两幅墨竹都藏于自己收藏汉晋以来名人书画的"墨妙亭"。两幅风竹都为画坛所重，在宋代即有韩琦、文彦博、米芾、范纯仁、黄伯思等人题跋。元、明两代都为名流收藏和题跋。到清代康熙时，两幅均为张玉书所藏。到清嘉庆时，丹徒县令万廉山从张玉书裔孙处获得并遗命传给张井收藏。

《澄鉴堂石刻》题咏分文同墨竹和苏轼墨竹两部分。文同墨竹部分有35人题记，分刻20石；苏轼墨竹部分有39人题记，分刻22石。在两幅画上题记的大多是当时名士，如元代的柯九思、虞集、吴镇、康里巎巎、康里回回、倪瓒、王蒙，明清时期的吴宽、李东阳、王世贞、米万钟、宋濂、黄道周、侯方域、王翚、朱尊彝、张玉书、钱泳等。这么多文化名人的题咏集中在画幅上，实在是难得一见的稀世珍宝，难怪张井把它视为无上神品，非常得意地说："四朝名人，志节彪炳，文采昭耀，诚大观也。"这些题咏除有极高的美学和文学价值外，还有极高的书法艺术价值。如苏轼在自题中说："与可为予从表兄，尝教以写竹之法，谓欲写竹，必先得成竹胸中，执笔熟视乃见其所欲画者，急起从之，振笔直遂，少纵则油矣……"这也是成语"胸有成竹"的由来。

在这些题咏中，有的以竹喻人，加以赞叹；有的对文、苏两人艺术创作风格进行比较；有的从审美角度阐发自己的美学思想。如明代王世贞的长篇题跋，从竹子的出生写到象征性寓意，堪称一篇竹赋佳作。最难能可贵的是：这些题跋都有着极高的书法艺术价值，如苏轼在文同墨竹上的题跋本身就是书法代表作。米芾在文同墨竹上的题诗和在苏轼墨竹上的七言诗，十分珍贵。文彦博是北宋宰相，墨迹很少传世。他81岁时在苏轼画上的行书题赞诗，铁画银钩，飞动挺拔，是不可多得的书法珍品。韩琦是宋代名将，他67岁时在苏轼画上的题跋，笔力强劲，锋芒毕露，是难得一见的墨迹。所以，《澄鉴堂石刻》可以称得上是一座宋元明清的书法博物馆，难能可贵。

张井是嘉庆六年（1801）进士，于道光六年（1826）调任江南河道总督，处在南北运河十字交汇处的焦山是他工作来往的必经之地。现在可以查到的他留在焦山的诗作有14首，焦山摩崖石刻上还留有他的《栈道岩观米元章、吴云壑、陆务观题名》诗。镌刻者钱泳，江苏金匮（今属无锡）人，是清代有名的书法家、学者，工诗词、篆、隶，精镌碑版，善于书画，名满江南，《澄鉴堂石刻》是他晚年的巅峰之作。他在《履园丛话》中收入了《澄鉴堂石刻题记》，详细介绍了受张井之邀刻石的过程、规模，以及苏轼、文同画的历代流传情况，也成为今天研究《澄鉴堂石刻》的宝贵材料。

（三）游焦山诗刻

焦山形胜，加之人文底蕴深厚，历来为王公重臣、文人骚客所青睐，留诗无数。20世纪80年代镇江有关方面编印《京江赋》一书，就收录了历代吟咏焦山的诗歌共700多首，其中众多诗作被勒石流传。在焦山碑林中也藏有游焦山诗刻多方，其中不乏诗文与书法俱佳的上品。

1. 杨继盛焦山诗

此碑一共有3石：

一石为横额楷书"椒山"，篆书"忠贤遗墨"。

二石勒有七绝诗一首："杨子怀人渡扬子，椒山无意合焦山。地灵人杰天然巧，瞬息神游万古间。"

三石为跋文："杨继盛书，时嘉靖壬子冬约会唐荆川到此。"并有隶书"小子京口茅溱平仲跋并书""刻工邵存礼"等字样。

从书法艺术来看，此碑囊括篆、楷、行、隶四体，且皆合法度，尤其行书部分运笔灵活多变，线条浑劲有力，结构疏密结合，疏朗而具法度，大小错落极富变化，整体感觉酣畅淋漓；而诗歌内容也是尽显蓬勃浩然之气，两者可谓完美结合。

杨继盛，明代著名谏臣，字仲芳，号椒山，直隶容城（今河北容城）人。嘉靖二十九年（1550）调升京师任兵部车驾司员外郎，因上书请罢马市得罪仇鸾，被贬狄道（今甘肃临洮）典史。一年后，杨继盛被再度起用，加之严嵩仇鸾党争，严嵩让杨继盛坐上了"升职火箭"，一年之内连升四职，先后任山东诸城县令、南京户部主事、刑部员外郎、兵部武选司员外郎。但刚正不阿的杨继盛进京不久，在嘉靖三十二年（1553）就上疏力劾严嵩"五奸十大罪"，于是遭诬下狱。嘉靖三十四年（1555）遇害，年40岁。明穆宗即位后，以杨继盛为直谏诸臣之首，追赠太常少卿，谥号"忠愍"，世称"杨忠愍"。

史料记载，杨继盛在狱中遭到了惨烈的折磨和毒打，杖刑打断了他的双腿，全身皮开肉绽，伤口的肉因为腐烂

杨继盛焦山诗

杨继盛焦山诗碑

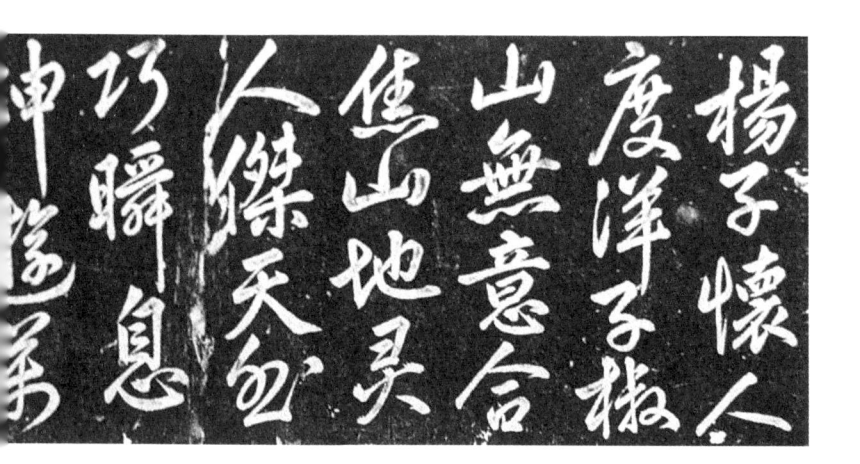

一块块地往下掉，惨不忍睹。杨继盛知道，必须把腐血放出来，否则会危及生命。于是他摔碎瓷碗，将碎片扎入腐肉，血流不止，但他咬紧牙关，一声不吭，用瓷碗碎片将腐肉割去，"肉尽，筋挂膜，复手截去。狱卒执灯颤欲坠，继盛意气自如"。情形甚于关公刮骨疗毒，因此杨继盛也有"大明第一硬汉"之称。

根据跋文可知，此碑刻于"嘉靖壬子冬"，也就是嘉靖三十一年（1552），此时正是杨继盛复出后接连高升之时，可谓踌躇满志、意气风发。此诗读来也着实倍觉志在高远，浩气动人。此碑原在焦山仰止轩内，轩毁后移至山下碑林。清阮元《揅经室三集》卷四有《送杨忠愍公墨迹归焦山》《焦山仰止轩记》两文，对此有着清晰的记载。

《焦山仰止轩记》云："明嘉靖壬子杨忠愍公与唐荆川先生约同至焦山，忠愍诗有云：杨子怀人渡扬子，椒山无意合焦山。天启间，郡守于水晶庵后建仰止轩，奉忠愍木主，今已圮矣。汉隐庵者，旧祀汉焦孝然先生，其后轩甚虚敞，余与寺僧觉镫、丹徒王君豫议以后轩名仰止轩，加以修葺，立忠愍木主祀之。又余旧藏忠愍墨迹五纸共一卷，久为墨林所重，因钤以官印，跋而归之轩中。王君亦以所藏《忠愍文集》版同置轩中，庶几忠烈之气与江山共千古矣。"这清晰地记载了仰止轩是明天启年间由汉隐庵改建而成，以祀杨继盛。

顺言一句：碑刻跋文中所提到的唐荆川，就是明代儒学大师唐顺之，武进（今属江苏常州）人。他还是一位军事家，有名的抗倭英雄。

2. 杨一清焦山诗

杨一清，字应宁，号邃庵，别号石淙，镇江丹徒人。成化八年（1472）进士，曾任陕西按察副使兼督学。弘治十五年（1502）以南京太常寺卿都察院左副都御史的头衔督理陕西马政。历经成化、弘治、正德、嘉靖四朝，为官50余年，官至内阁首辅，号称"出将入相，文德武功"，才华堪与唐代名相姚崇媲美。

焦山碑林有两首他的诗作及一篇跋文。诗一为《游焦山》："洞口孤云面面生，百年身世坐来清。一船月色金山寺，十里烟光铁瓮城。江阁雨余秋水阔，海门风定暮潮平。青衫潦倒虚名在，耻向沙鸥问旧盟。"诗二为《山游次屠大理元勋韵》："西风残叶嫩寒初，两日幽寻兴不孤。心爱竹岩留客坐，力穷云磴遣人扶。城头山色遥连楚，树里江声直到吴。莫怪居人夸胜境，分明此地是蓬壶。"很显然，诗歌盛赞焦山之胜境。而在跋文中，则将镇江金、焦、北固三山进行了比较，对焦山"名不甚显"颇为不平，认为"焦山之胜，不减金山北固，而名不甚显，古今述作，亦无脍炙人口者"。并点出"焦山稍迂僻，故游人较少，其幽邃奇绝，惟土人得专而有之"这个说法于今日金、焦二山，也不无道理。落款为"正德庚戌十月石淙杨一清识"。石刻笔锋苍劲，雄浑有力，极具颜体风骨。

所谓"石淙"，杨一清曾在丁卯桥修建宅园，名"石淙精舍"，并在此撰著了《石淙诗钞》。杨一清死后亦葬

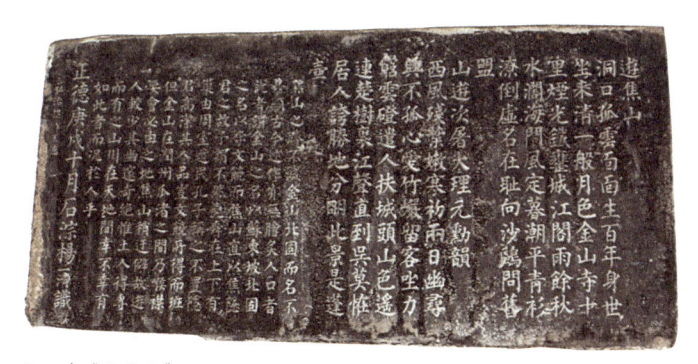

杨一清《游焦山》

于镇江，其墓位于润州区卢湾村，现为市文保单位。

3. 阮大铖焦山诗

阮大铖，字圆海，号石巢，天启时入仕，党附魏忠贤。阉党失败后流寓南京。南明福王立，为兵部尚书，后降清，在人品上颇为人所诟病。不过他确能诗文，工词曲，善书画，是一位书法家、戏曲家。

阮大铖在焦山碑林留有2方石刻，一是书江淹《焦山述怀》，二是他自书《游焦山诗》。崇祯八年（1635），阮大铖在焦山以文会友，因见前人书刻的南朝江淹《与陆东海焦山述怀》碑漫漶不清，乃重录其诗并跋，题勒于焦山枯木堂。

江淹就是成语"江郎才尽"的主人公，其实他是南朝时期著名的政治家，历仕南朝宋、齐、梁三代，也是当时著名的文学家、辞赋大家，与鲍照并称。他的《恨赋》《别赋》都是南朝辞赋佳作。江淹曾任南徐州从事、镇军参军、

阮大铖书江淹《焦山述怀》

南东海郡丞等职,这些机构都在今镇江域内,所以江淹对镇江山水风光非常熟悉。他的这首《焦山述怀》是现存最早的描写焦山的一首诗,也是现在能搜集到的江淹在镇江留下的唯一一首诗。

细观碑刻,此诗全题为《与陆东海焦山述怀》。江淹当时是刘宋朝南东海郡丞,陆东海是南东海郡的太守,是江淹的顶头上司。从诗大意来看,当时他们到焦山雅聚,正值春光明媚、春红满地时节,诗人与朋友们在水边近看无边的芳草,眺望远处的青山和满天的"雄虹",聆听琴瑟般动听的鸟叫,陶醉其中,流连忘返。可见,早在南朝时期,焦山已经成为京口旅游和文人雅士的聚会之所了。

阮大铖自书《游焦山诗》,共有五言八句四首,均为摹景述怀之作,虽有部分漫漶辨识不清,但感怀时事的意味还是可以体会出来的。从书法来看,这两块碑刻用笔劲健爽利,神采奕奕,应是阮氏书法佳作。

另外,还有不少游焦山诗石刻佳品,如明代米万钟的《焦山诗四首》。他是米芾后裔,继承了米芾翰墨书画及好石之癖,《书史会要》说他深得"南宫家法",时有"南董(其昌)北米之誉"。再如明代王应鹏《焦山诗》,是一方1.3米长的行书作品,刻于嘉靖年间(1522—1566)。王应鹏是正德进士,曾任御史之职,善书工诗。清代石刻就更多了,如《曾燠石韫玉游焦山诗碑》《潘奕隽宋鸣琦游焦山诗碑》《顾贞观等游焦山诗碑》等,都是

阮大铖《游焦山诗》

可观佳品。

（四）名家碑刻举要

1. 赵孟頫书东坡像小楷《赤壁赋》碑

赵孟頫，字子昂，号松雪道人。浙江吴兴人，宋室后裔，宋末元初著名书法家、画家、诗人。元世祖时，以遗逸被召，官至翰林学士承旨，封魏国公，谥文敏。他博学多才，尤其以书法和绘画成就最高。在绘画上，他开创了元代新画风，被称为"元人冠冕"。书法尤以楷、行著称于世。书风遒媚、秀逸，结体严整，笔法圆熟，创"赵体"书，与欧阳询、颜真卿、柳公权并称"楷书四大家"。

此刻是明嘉靖年间（1522—1566）无锡尤叔野得到赵孟頫的真迹后勒石而成。明代书法家、昆山人俞允文在他的著作里记载说："尤叔野所藏子昂真迹，其精工尤甚，殆稀世之珍也。"正是其小楷作品，用笔圆转，堪称"蝇头妙绝"。书后还有文彭、文嘉、俞允文、周天球等书法

赵孟頫画东坡像书《赤壁赋》

家的蝇楷题跋。此刻与《兰亭序》米芾临本石刻一样,曾为归安吴云藏于"二百兰亭"斋,同治年间移至焦山。

2. 文徵明小楷《千字文》碑

文徵明,长洲(今江苏苏州)人,明代杰出的画家、书法家、文学家。因先世衡山人,故号"衡山居士",世称"文衡山"。文徵明的书画造诣极为全面,诗、文、书、画无一不精,是人称"四绝"的全才。诗宗白居易、苏轼,文受业于吴宽,学书于李应祯,学画于沈周。与沈周共创"吴派"。在画史上与沈周、唐伯虎、仇英合称"明四家"。在诗文上又与祝允明、唐寅、徐祯卿并称"吴中四才子"。文徵明的小楷声著海内,此刻为其70岁所书,书法功力更渐臻至境,世评"行体苍润,清绝精工"。原亦为归安吴云藏。

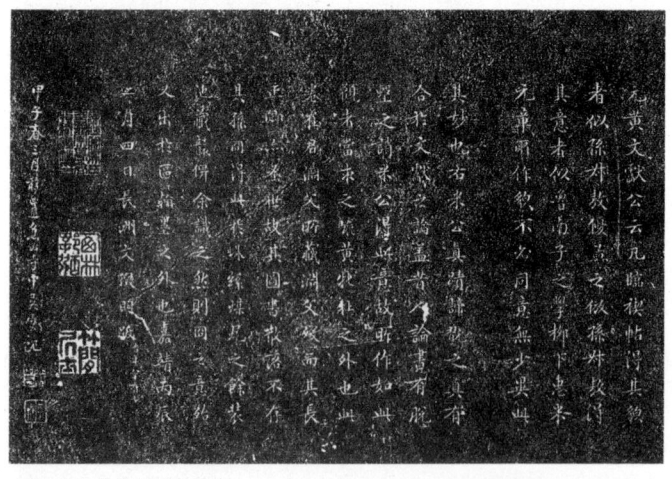

文徵明跋米芾临《兰亭》

文徵明书《千字文》

3. 笪重光跋张即之书《金刚经》

笪重光，字在辛，号江上外史，自称郁冈扫叶道人，句容望仙乡（现白兔镇）茅庄村人。幼好学，清顺治九年（1652）进士，授刑曹晋郎中、关中恤刑，不久提升为湖广道监察御史、江西巡按。因得罪权相明珠和余国柱，受到诬陷，于顺治十六年（1659）辞官隐居，先居丹徒，后隐茅山。他精鉴赏、工诗文，更以书画名重一时。

张即之是南宋时期影响很大的一位书法家，书宗唐人，结体严谨，笔法险劲，泼辣苍勇。楷书《金刚经》是张即之的传世作品之一，笔意潇洒，骨力强劲。笪重光的题跋记述了摹刻张即之书《金刚经》的经过及意义。书法秀润，有"二王"之风，是一幅上佳的行书作品。此石刻展于宝墨轩外庭院墙壁。一组石刻欣赏两位大家的书法精品，也是惬意之事。

4. 王文治书焦山唱和诗帖

王文治，清代书家，字禹卿，号梦楼，丹徒（今镇江）人。王文治从小就聪明好学，12岁就会写诗，尤擅书法，是公认的俊彦之才。他31岁时，在北京参加殿试，中一甲第三名进士，被朝廷任命为翰林院编修；3年后又参加一次大考，得一等第一名，升为翰林院侍读，并充国史馆纂修；35岁被外放云南临安知府，后因"漫无察觉"下属经济问题而被罢归。不过，王文治书法的名气远远超出他的官名，也大大超出一般的书法家。当时就流传有"浓墨宰相，淡墨探花"之说。前一句指当过体仁阁大学士的书法家刘墉，他的书法用墨厚重；后一句即指王文治，用墨淡雅。当时还有"天下三梁，不及江南一王"的说法。"三梁"指当时公认的书法家梁同书、梁国治和梁巘，"王"即指王文治。后人也把王文治和刘墉、梁同书、翁方纲并列，称为书法历史上的"清四家"。

（五）"画碑"述略

中国自古书画不分家，书法是线条的艺术。而用线条勾勒表现形体，通过线条疏密、粗细变化形成构图，表达出丰富的艺术韵味，也是中国古代绘画长期秉持的独特技法。这种绘画技法被古代工师们移植到石刻工艺中，又产生了一个独特的艺术门类——石刻线画。焦山碑林也藏有不少此类绘画艺术石刻，从早期的画像石到后期的山水花鸟兼有，还有不少是书画同碑，相得益彰，相映成趣。现略举一二以飨读者。

在碑林兰亭的西侧不远处，有一方刻于明万历年间（1573—1620）的《明刻吴地绘观音像碑》，非常精美。吴地，生平不详。画像是一尊体态丰腴的观音，端坐于蒲团之上。画风相类明晚期陈洪绶，线条单纯洗练、朴素优美，富于表现力。可惜的是画像面部不知何时为人剜去，但整体画面祥和，仍能让人感知菩萨端庄矜持、慈悲为怀的庄严宝相，不能不说画工功力精湛。画像上部有焦山沙门明肠手书小楷《心经》，书法严谨工整，一丝不苟。不远处还有几块观音碑也值得一观，如《董其昌题观音像碑》也属书画俱佳的精品。

在这块观音像碑附近，有不少"画碑"，且不乏精品，如刻于光绪二年（1876）的《明牡丹花卉碑》，吴平畴画。吴平畴，吴作人祖父，字长吉，安徽泾县人，因倾向太平天国，投奔忠王李秀成迁居苏州，为19世纪下半叶苏州著名画师。再如《清伊龄阿画兰松扇面碑》，共2石，清代伊龄阿画。伊龄阿，满族人，字精一，官至侍郎，工诗能画，善画梅兰。另外还有一方《梅花碑》，前文提到过，是乾隆御作。

焦山碑林"瘗鹤铭"园西南角的廊壁上，有"印心石屋"系列碑刻，主要内容是道光皇帝御书横额、陶澍奏折及摹御书墨宝，折呈、山水图论、南北崖之图说、金焦图说及赞、记、叙诗、跋等。陶澍，前文已有介绍，这里说说"印心石屋"。"印心石屋"并非焦山独有，在扬州、苏州、常熟、南京、无锡、连云港及长沙、武汉、庐山等地都有"克隆版"。陶澍是湖南安化人，少时到当地私塾水月庵读书。在水月庵不远的资江中有一块方正若印的大石头，人们称之为"印心石"。陶澍很喜欢躺在上面看书，就将水月庵的书斋起名为"印心石屋"。后来，陶澍官运亨通，在觐见皇帝时说起了这段苦读经历，皇帝御书"印心石屋"匾额赐给了他。如此荣耀陶澍自是欢喜，于是在他的家乡、任职的地方，甚至途经的山水名胜，都摹刻了"印心石屋"石碑。据载，陶澍焦山"印心石屋"原有碑72方，其中尤以《印心石屋图说》为特色，依次为"金陵印心石屋图""金陵印心石屋图说""沧浪亭印心石屋图""沧浪亭印心石屋图说""蜀冈印心石屋图""蜀冈印心石屋图说""清江印心石屋图""清江印心石屋图说"。线刻绘出了南京、苏州、扬州、杭州四大"印心石屋"之胜迹图。

"印心石屋"系列碑刻

仰止轩

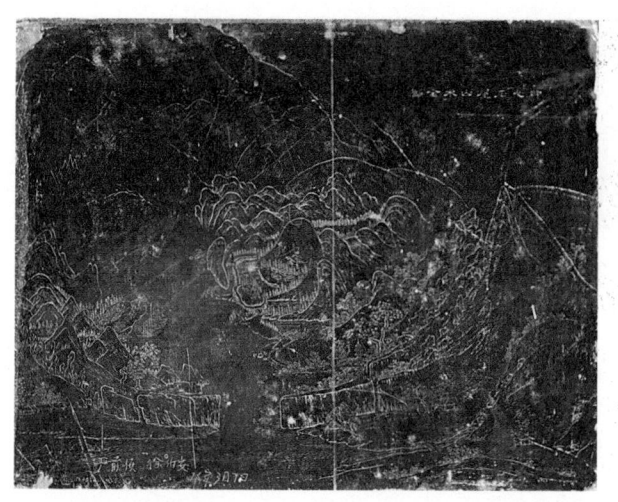

"印心石屋"山水全图

沧浪亭"印心石屋"图

后 记

这三四个月里,我每天晚上9点左右进书房,及至凌晨回卧室睡觉,整理资料,敲击键盘,时时有昏天黑地不知山中日月之感。今完稿之时,还真是难免唏嘘,想赘言几句。

这些年来,因为工作,也因为兴趣,我在镇江地方文化的研究和宣传上做了一些努力,收集了数百部镇江地方文化书籍和相关资料,结识了众多镇江地方文化研究的专家前辈,码下了一些像样不像样的关于镇江地方文化的文字。虽然常常仍有"门外汉"的惶恐,偶尔倒也有些略有所获的小欣喜。我虽不是书法爱好者,但关于焦山碑林我倒还算是熟悉,除了周末闲暇常常前去观摩,早在2008年《瘗鹤铭》水下考古时,我作为记者就进行过长时间的跟踪报道,与不少相关方面的专业人士都建立起了较好的联系。为了写作这部书稿,这几个月我又先后多次专程来到焦山,观摩崖,访碑林,又集中对相关资料进行了较为系统的学习和消化。再者，说起来《焦山碑林》也是我接到的第三部"江苏符号"的写作任务，所以一度我曾以为自己算得上轻车熟路了。

没想到的是真正开笔之后，还是遇到了不少的难处：一者，焦山碑林声名远播，尤其为书法爱好者们所膜拜，故而唯恐自身笔力不逮，辜负了这处文化遗存的高古与雅致；二者，焦山碑林文韵悠远底蕴深厚，如何在保持其文化厚重感的同时不失之于枯燥晦涩，让我颇费了些脑筋，努力寻找古典雅韵与通俗可读之间的结合；三者，有关焦山碑林的一些资料中确有语焉不详、相互抵牾甚至错讹之处，查证勘误的工作自然也需要付出相当精力，且目前焦山碑林研究侧重书法艺术的多，挖掘文史信息的少。如镇江学者吴宗海先生就曾专门撰文指出，《魏法师碑》"研究大有拓展的空间"，这对如何讲好"碑林故事"提出了更高的要求。因而走笔之时，惴惴之感确是常存的。

我辈幸运，得益于前辈专家的辛勤耕耘，能得阅诸多焦山碑林的著述与画册，吸收了诸多前辈专家们的整理和研究成果。在写作过程中我也得到了众多专家和师友们的指导和帮助，镇江市历史文化名城研究会副会长赵康琪先生给了我不少旧闻校勘方面的帮助，焦山碑刻博物馆馆长丁超先生从他的专业角度为我提出了不少意见和建议，我的好友、《京江晚报》副总编辑习斌先生帮我通读整部初稿、为我"扫雷"。在此，一并表达我真诚的谢意。